JN025946

日本経営品質賞受賞企業に学ぶ

実践 ➡ 強靭な
組 織 構 築
の法

末松 清一【著】
Suematsu Kiyokazu

同友館

はじめに

　新型コロナのパンデミックが発生し、日本はもとより、世界中の企業は大きな影響を受けています。しかし、コロナの影響で倒産する企業が増加する一方で、業績を上げ続けている企業群も存在しています。

　多くの企業では、これまでの経営スタイルを維持することが難しくなってきているのです。

　コロナが収まっても、元の生活に戻らないでしょうから、企業も新たな経営スタイルに変革する必要があります。

　コロナをきっかけに、一般市民の考え方や行動様式が変わるとことにより市場のニーズ・顧客の希望が変化するということになります。これまでの商品やこれまでのサービスでは市場や顧客のニーズには十分に応えられなくなってきていると言えます。

　つまり、経営環境や経済環境が大きく変化しているわけで、企業を取り巻く環境は新たなステップへ進展したと考える必要があるでしょう。変化した経営環境に適応して組織を発展させていかなければ生き残っていけないということは、どのような時代でも言える変わらぬ原理ですが、コロナ時代はその変化が急激です。

　本書は、経営環境や社会情勢の変化に向き合って、健全な企業経営を実現し、強靭な組織を作り上げる方法を事例やツール、システムの紹介を交えながら読者の皆さんと一緒に考えてまいります。

　「強靭」という言葉を広辞苑で調べると「強くてねばりがあ

ること」、「しなやかで強いこと」とあります。本書では、強靭な組織とは「経営環境の変化、市場や顧客の変化、競争環境の変化、社内の組織構造の変化などに、しなやかで粘り強く対応し、乗り越えていく組織」と定義します。

　環境変化にしなやかに対応し、常に顧客・市場のニーズに応え、競争力のある独自の商品やサービスを提供することで高い顧客満足、社員満足、断トツの業績、社会からの高い信頼を獲得し続ける組織は強靭な組織と言えるでしょう。

　本書では「強靭な組織」を実現するために有効なプロジェクト方式による改善活動の進め方を具体的に紹介します。プロジェクトを進めるうえでの有益な方法として「経営品質向上活動」の仕組みや考え方を援用しています。

　組織変革を進めるにあたって、まず、多くの伝統的企業が陥っている「組織的な病」を整理しています。起業して年数がたってくると、なにがしかの「組織の発達障害」や「組織の生活習慣病」がはびこってきます。自社は病いに陥っていないか、もし陥っているとすると、どのような状況なのかをはっきり理解して組織変革に取り組むことが必要です。

　さらに、組織の変革が進んで、組織の成熟度がレベルアップしてきたところで、社内のニーズがあれば日本経営品質賞や各地の経営品質賞に応募し客観的な評価を受けることが良いでしょう。これらの賞に応募することで審査を通じて把握された「評価レポート」を入手できます。このレポートには、自社の現状での強みと改善領域が明確に表現されています。このレポートの指摘内容を改善することで次のステップへの経営革新

につながります。本書では、日本経営品質賞への応募のプロセスの具体的な事例も紹介しています。

　強靭な組織を運営していくうえで、忘れてはならないのは「組織運営の３原則」をしっかりと組織内に埋め込んでおくことです。その方法についても紹介しています。

　本書には、筆者が25年余に渡る経営支援（経営コンサルティング）活動で得た知見を組み込んでいます。また、これまで筆者個人での企業視察や筆者が主催している経営進化塾のメンバーの皆さんとの視察、経営品質協議会のアメリカ視察ツアー、さらには、多摩大学医療介護ソリューション研究所主催の国内外の視察ツアーなどで優れた企業視察を繰り返してきましたが、そこで得た素晴らしい企業事例も自組織の組織改革の参考になるでしょう。

　加えて、日本経営品質賞受賞企業の紹介を経営品質協議会の発表資料を活用させていただきながら、ここ10年余の受賞企業の優れた取り組みを取り上げています。

　本書は「強靭な組織の作り方」がテーマですが、様々な経営理論や有名な経営手法はあえて取り上げずに、現場で取り組みやすい具体的な方法、手段、改善・革新のプロセスに焦点を当て、組織改善や経営品質向上活動、経営品質賞応募活動などに役に立つような実践的内容に仕上げたつもりです。

　読者の皆さまの組織改善や革新・変革の有力なツールとなれば幸いです。

　最後になりますが、本書出版に当たっては、日本生産性本部参事・経営品質協議会事務局長の柳本直之氏、同事務局課長の塩見英明氏、株式会社同友館出版部次長の佐藤文彦氏、株式会社 J. Discoverの代表取締役社長城村典子氏、同企画部長菊池寛貴氏の皆様に大変お世話になりました。ここに、改めて感謝の意を表したいと思います。

目　次

第 1 章

組織運営に必要な 3 つの原則

①目的の共有・②参画意欲・③コミュニケーション

1）我が国の組織が抱える苦悩

多くの企業が抱えている組織運営上の問題の代表的な状況を整理してみました。

皆様の組織でもあてはまることがありませんか。

① 組織の一体感がない
② 協働の風土が作れない
③ 生産性が上がらない
④ 組織構成員のモチベーションが上がらない
⑤ 業績が低迷している

20世紀末のバブル崩壊後、長い低迷を続けてきたオールドインダストリーの多くの組織はデフレが続く中の経営を強いられ、その間に、何度もリストラを繰り返してきた企業もありました。その結果、企業体力を落としてきました。コロナ問題が発生するまで、国の政策もあり、インバウンドに沸く一部の業界もあったものの、経営体質の改善を実現するには至らない会社が大部分であったと思われます。

そのような状況下にある我が国の多くの組織が抱える「苦

悩」を改めて、7つに大別してみました。

① 業績が改善しない
② 組織の一体感がない
③ 協働の組織風土が作れない
④ 組織構成員のモチベーションが上がらない
⑤ 固定客が増えない
⑥ 組織の生産性と品質が改善しない
⑦ イノベーションが起こらない

2）アフターコロナの時代に適応できない組織が抱える問題

　リモートワークで生産性が落ちる、リモートワーク時代のビジネス運用の仕組みを構築できない、リモートワークに踏み切れない、社員の組織忠誠心に疑問を持つ経営陣、ITリテラシーが低すぎる組織が大量に存在している事などがコロナ騒動で明らかになりました。

　ウィズコロナ、アンダーコロナ・アフターコロナの時期に我が国の多くの組織が、これを機会にIT化が一気に進み、先進国の中での周回遅れの状況を解消するのではないかと期待されています。しかし、リモートワークに切り替えられない組織やリモートワークに合わせたビジネス運用の仕組みが作れない組織が現状では多数存在しています。
　また、顧客の消費行動が変容している中で、商品やサービスを提供する側の企業が変化できないでいることで、世の中の変化に置いて行かれるような状況が露出しています。もちろん、

業種によって、リモートワークに変更できる部分が少ないところも多いことは理解できますが、「ピンチはチャンス」と商品やサービスを変え、提供の仕組みを変えて、この危機を乗り越えている会社もまた、少なくないのです。

さらに、リモートワークに踏み切れない組織の中には社員を心から信用していない、あるいは信用できない経営者や経営幹部が存在しているのではないでしょうか。これまで、社員が一堂に会して仕事をしている時代でも、そもそも、経営者と社員、経営幹部と社員間の信頼感を醸成する取り組みや社員の組織忠誠心を高める制度を構築してきていない組織は、リモートワークに耐え切れないのではないかと考えられます。

このような組織が、リモートワークに切り替えると、生産性が下がり、仕事の質も悪化し、顧客ニーズの変化も把握できなくなり、あるいは、顧客のニーズの変化を掴んだとしてもこれに応えるイノベーションが起こらないという状況に陥りかねないのです。

3）戦後の日本が忘れていた組織運営の価値観（社是・家族主義・寄合など）

戦後、多くの企業がアメリカ式企業経営を取り入れてきました。それでも、戦後すぐは日本的経営の良さを発揮していました。経済環境の良さに合っていたとはいえ、高度成長を果たしたころは、日本的経営とアメリカ式の合理的経営が上手く融合していたのではないでしょう。

しかしその後、我が国の企業経営はバブルの崩壊によって、変調をきたしたグループと元気に乗り切っているグループに二

極化しています。いくつかの要因を想定しました。

　バブル崩壊前後に、多くの企業が取り入れたいわゆる「アメリカ式業績評価制度」に失敗し、社員の経験値（暗黙知）を形式知化できないままに中堅からベテラン社員をリストラした企業はたくさんあります。そのために社内の人財に蓄積されていたノウハウが拡散しています。日本人の価値観に合わないマネジメント・システムを無批判に取り入れた企業がある一方で、組織の理念を大切にし、家族主義経営を保ち、社員全員が会議に参加できるフラットな組織運営をしている企業が元気であるという現実があります。

　長く、ビジネスの世界にいる著者にとって、1990年代以降の多くの組織は、長引く不況を乗りきるためとはいえ、なりふり構わずにリストラを断行し、アメリカ経営の一面だけを見て無批判に取り入れて、ますます追い詰められていった企業が多かったと思います。

　一方で、主に中堅企業規模以下の組織では、社員を守ることを重視し、リストラに踏み切った企業はそれほど多くないのではないでしょうか。そこでは戦後、培われてきた大家族主義、年功序列、全員経営、企業理念に基づく経営、御用聞きスタイルの顧客ニーズの把握など、我が国の組織が伝統的に大事にしてきた経営スタイルを色濃く残している企業が危機を乗り越えて、元気に見えるのです。

　いわゆる「日本的経営」は古くて時代に合わないと言われ続け、アメリカの合理主義的経営が称賛され続けてきましたが、本当に日本的経営は時代に合わないのでしょうか。確かに、古くなって時代に合わない部分もあるでしょうが、マスコミや一

部のコンサルテーション企業が言うことに無批判に従うのではなく、自社の経営にとって、どのような経営スタイルが最適なのかを真剣に検討して見極める必要があると言えましょう。

　アメリカの経営はダブルスタンダードで、ウォールストリートを見据えた、株主第一主義の企業と、そうではなくて顧客第一、社員第一を志向する企業群も存在しているのです。後者の企業群の活動は、あまり日本に伝わって来ませんが、実はアメリカは1980年代後半に日本的経営の強みと弱みを国を挙げて研究しています。そして、日本企業との競争に打ち勝つことを目的にアメリカ連邦政府は「国家品質賞」を制定しました。アメリカ国内ではこの国家品質賞の理念と改善の方向性に基づき経営革新を実現している企業がたくさん存在しているのです。これらの企業は業績も良く、高い顧客満足、高い社員満足を実現し、結果として株価も高く、株主にも利益をもたらしている、強靭な組織を作り上げているのです。

　我が国の「日本経営品質賞」の取り組みは、このアメリカの「国家品質賞」（大統領表彰）の考え方を逆輸入したもので、ベースには日本的経営の要素が多く含まれています。1980年代に、アメリカが抱えていた双子の赤字（財政赤字と貿易赤字）の解消に大いに寄与したのが「国家品質賞」の活動であったと言われています。現在もこの国家品質賞は継続されており、多くのアメリカ企業が取り組んでいます。

　また、2020年代に入り、GAFAに代表されるIT大手企業は株主第一主義の代表企業とみられていましたが、株主第一主義を取りやめると宣言し始めています。このことを考えると、アメリカのウォールストリート志向の株主第一主義経営を見直

し、「三方よし」のような我が国の経営スタイルの良さを今こそ見直し、これを取り入れることの重要性がわかるのではないでしょうか。

4）今、強靭な組織構築が求められている

　2020年代は、想定外の危機が発生しても全社一丸となって乗り切っていける強靭な組織が求められていると言えます。アンダーコロナ、ウイズコロナ、アフターコロナの局面であっても困難を切り開くことができる組織を創り上げることが求められています。

（1）強靭な組織

　「はじめに」でも述べたように、ここでいう「強靭」とは、「強くしなやかで粘りがあること」（広辞林）を指しています。したがって、強靭な組織とは、激変する経営環境にあっても、時には強い組織力で乗り切り、時にはしなやかに対応し、また、粘り強く、困難を乗り越える力を持っている組織のことと言えるでしょう。

　強靭な組織は組織運営の原理原則を体得しており、一体感ある行動がとれる人財がそろい、協働して難局を乗り越える集団になっているのです。時に顧客の要求にしなやかに対応するし、ストレッチな目標に対しても粘り強く取り組む組織文化を作り上げています。このような組織であるからこそ、コロナ禍をしっかりと乗り越えることができるのです。

（2）売上第一や利益第一の経営では、継続的に発展する「いい会社」は実現しない

緊急時には売り上げや利益確保に集中することが組織存続の上でやむを得ない場合もありますが、常に売り上げや利益を最上位に置いた経営は、結局長続きしないのです。組織として基本的に目指す姿を明らかにし、ミッション、ビジョンを掲げて、その実現にまい進する組織が長い目で見て繁栄しています。

（3）組織運営の 3 原則が定着できているか

さらに、長期的に成長進化している組織は、共通して組織運営の 3 原則を経験的にも定着させています。

3 原則とは組織内に定着させる必要な重要な要素で、

① 組織の目的

② コミュニケーション

③ 参画意識

をいいます。

組織目的を明確にし、組織メンバーに浸透できていること、組織内のコミュニケーション（対話）が円滑に行われていること、そして、組織目的実現に向けて組織メンバーが高いモチベーションをもって仕事に取り組んでいることが、強靭な組織に共通して機能しているのです。

（4）組織改善に有効な「経営品質向上活動」を導入しよう

この組織運営の 3 原則を組織全体に浸透させ、組織のミッション、ビジョン実現に向けて全社一丸となって取り組む会社は、継続的に業績を上げ、組織を進化発展させていくことができます。ではどうすればそのような組織が作れるのでしょうか。

一つの回答が「経営品質向上活動」を全社展開することです。筆者は、長年にわたり多くの組織の経営品質向上活動を支援してきました。この活度の結果、顧客満足と社員満足が高まり、さらに競争力が高まり、社会貢献活動が全社に広がり、当然ながら業績も継続的に向上していきます。

その組織力を客観的に評価してみるチャレンジとして、多くの支援企業は日本経営品質賞や各県の経営品質賞に応募し受賞しています。

本書では、組織運営の3原則を定着させ、経営品質を向上させることで、経営環境の激動期を乗り越える強靭な組織を構築する方法を明らかにします。

第 2 章

組織の障害や
生活習慣病とその対処法

ここでは組織の現状を振り返ってみましょう。

1）組織の中に障害や生活習慣病が存在していないか

（1）多くの組織内にみられる現象

一体感がない。具体的には、「向かっている方法がばらばらである」「足の引っ張り合いが当たり前になっている」「部門間対立が顕著である」、などの現象が組織内にあり、多くの社員はそれが普通のことと思っているし、「組織はそんなもんだ」という考えが定着しています。

（2）組織には発達障害や生活習慣病が存在している

また、多くの組織には、創立以来の様々な問題が蓄積されています。

創業期から組織運営を健全な形で成長・発達させている企業は、少ないのが現状と言えます。様々な言い方があるでしょうが、私は組織内に蓄積されている問題を 2 つに大別してとらえると理解が進むと考えています。

それは、「組織運営上の障害の症状が広がっていること」と「組織の生活習慣病が蔓延していること」です。

つまり、組織の障害と組織の生活習慣病がじわじわと組織内に沈殿していっている企業が、我が国には多いと思われます。特にバブル崩壊以降、世界レベルで浮上できていないオールド・インダストリーは戦略云々以前に、組織力が低下した状態のままになっています。アンダー・コロナ時代に遭遇して、そのことが顕著に表れてきた企業も多いのです。

そこで、この章では、組織の障害と組織の生活習慣病の症状を確認していきましょう。

2）組織の障害

（1）組織の発達不全 - 1

NO	組織の発達不全（発達障害）症状
1	正しい対処能力が無い
2	組織としての判断が不健全
3	短期的思考に走る
4	売上や利益第一の仕事中心
5	ES／CS への配慮が足りない
6	知的生産性が低い
7	組織風土が悪い
8	企業理念が無いか浸透していない
9	人財が育たない

組織に見られる症状を「組織発達」の視点でとらえると創業期からこれまで、組織運営をどのように行ってきたのか。局面

ごとにどの様な意思決定をしてきたのか。あるいは、経営層が
どのようなリーダーシップをとってきたのか。どのような人財
を採用し、どのような教育をしてきたのか。などによって、本
来は健全な組織として発達するはずなのに、様々な組織上の問
題（発達不全）が蓄積されていく可能性があります。左記の表
のような症状は組織の発達障害と言えるでしょう。

　上記症状のなかには、例えば、NO.4の「売り上げや利益第
一の仕事中心」のように、一見して何が問題なのかと思われる
かもしれませんが、売り上げや利益を第一に追求する組織はや
がて組織構成メンバーが疲弊し、組織崩壊へとつながる可能性
が高いのです。

（2）組織の発達不全－2

NO	組織の発達不全－2（不健全な組織風土・文化）症状
1	組織内競争
2	部門間対立
3	恐怖政治
4	社会性の欠如
5	前例主義
6	完璧主義
7	責任追及優先
8	ステークホルダー無視

　一方で、組織の発達不全－2（不健全な組織風土・文化）
は、組織の精神に当てはまる組織風土や組織文化の不健全さを
障害と見ます。それによって引き起こされる症状が、前記の一

覧です。

　ここでも、組織内競争や部門間対立などがなぜ障害というのかが疑問に感じる方もいるかもしれません。しかし、考えてみてください。組織は参加者が一体となって組織の目的達成に邁進する姿が本来あるべき健全な形です。それにもかかわらず、組織内の競争や部門間対立が当たり前のように生じているにも関わらず、おかしいと感じない組織はすでに組織の発達不全に陥っているのです。

（3）組織の発達不全－3

NO	組織の発達不全－3（組織体の成長不全）
1	業務遂行能力不足
2	リーダーシップ力不足
3	チームワーク不足
4	ナレッジ不足
5	課題解決力不足
6	計画立案力不足
7	戦略思考力不足
8	環境適応力不足

　また、組織の成長という視点から見ると、組織の実力不足が顕著な組織が存在します。組織構成員へ経営基礎力や実務能力、課題解決力、リーダーシップ力などの教育研修が十分に施されず、個々人の経験値に依存している組織では前記の各項「不足」が顕在化し、組織運営に支障をきたすだけではなく、競争力の喪失、顧客不満足や社員不満足の拡大へと広がり、や

がては組織が消滅しかねない危機に遭遇します。

3）組織の生活習慣病

　組織構成員の日々の仕事の繰り返しや経営計画の立案とその実行のプロセス、各種イベントなど、どのように取り組んでいるでしょうか。日々の業務遂行の習慣が気づかないうちに組織に悪い習慣を定着させていきます。これを組織の生活習慣病と言います。

（1）組織の生活習慣病（症状）

NO	組織の生活習慣病（症例）
1	組織の肥大化
2	責任回避の風土
3	無責任人財の増殖
4	無能なリーダー
5	ナレッジの共有不可能
6	内部対立の常態化
7	短命（寿命が縮まる）

　「組織の生活習慣病」は伝統的な組織に見られがちな症状です。これは経営幹部のリーダーシップの欠陥や組織運営の不透明さなどが積もり積もって、組織体がおかしくなってくるのです。「人の生活習慣病」が万病の元と言われるように、組織にあっても気が付かないうちに浸透し、不健全な組織体になっていきます。これによって、顧客対応やイノベーション、競争

力、組織内の協働などが、じわじわと失われ、やがては組織崩壊するのです。

4）組織的障害の種類に合わせた対処法がある

　組織的障害（発達不全）や生活習慣病は根が深いのですが、改善するための処方はあります。ここではその対処法のポイントを整理しましょう。

（1）組織の障害や生活習慣病を改善する方法の事例

　組織全体の障害改善には時間がかかりますが、改善のきっかけは朝礼から始めると取り組みやすいです。組織の目指す姿（目的）を明らかにし、参加メンバー間の対話を促進して、目的の浸透を図ります。併せて、メンバーのやる気を高めるように進行するのです。つまり、組織運営の３原則を朝礼を通じて浸透させていくのです。組織運営の３原則については後の章で詳細の説明をします。

　朝礼はマンネリ化する可能性が高いのですが、組織変革に成功した組織やそもそも健全に発達している組織は朝礼が活性化しています。朝礼の改善は身近な組織改善です。朝礼から組織全体に改善活動を広げて行くのです。

　健全な肉体（組織）に健全な精神（理念）が宿る。逆もまた真なり。

　筆者が経営支援活動で得た結論の一つに、多くの組織には企業理念あるいは経営理念が存在しないか、理念はあっても組織内に浸透していないという事実です。

　企業理念は組織の魂です。あるいは憲法とも言えます。魂がない人間は「腑抜け」と言われるように、さらに適切な憲法がなければ、国の向かうべき方向が定まらないように、組織に適切な企業理念があり、理念に基づいた行動がなされることが健全な経営の大前提です。

　しかし、多くの組織で、理念に基づく組織行動が行われていなくて、常に組織がふらふらしています。結果、部門や社員の向いている方向もばらばらになります。各人の判断で仕事を進めることが当たり前になり、組織力が低迷するのです。

　ちなみに皆さんは自社の理念を空で言えるでしょうか。

　健全で強靭な組織は、明確な理念やビジョンを掲げ、それが経営トップから第一線の社員まで浸透しています。日々の行動も理念に基づきビジョン実現に向けた業務に取り組んでいます。

　企業理念や経営理念の浸透を図りましょう。理念が不在なら制定する必要があります。ここで注意すべきことは、他社の理念（有名な企業の理念など）を安易にマネしないことです。企業にはそれぞれの歴史があります。歴史を無視した理念は「竹に木を継ぐ」ことになり、上手くいきません。

　ピント外れな組織改善活動に取り組んでいないか。

　自社の組織運営や組織体質の問題があると気づきながらピント外れの改善活動をしていないでしょうか。

　組織は創業準備期から創業期・立ち上げ期・体制構築期・成長期（前期・後期）・安定期（前期・後期）・組織変革期等といったように発達していきます。それぞれの発達段階に応じた課題が出てきますので、これに合わせた組織改革を進める必要があります。一般論的な課題や自社の発達段階を無視した課題

を設定して改善活動に取り組むことはむしろ弊害になります。

　また、組織は発達しながら組織の成熟度を高めていくことで健全な組織として成長していくのです。日本経営品質賞やアメリカの国家品質賞では組織の成熟度を6段階に分けていますが、この成熟度毎に改善するべき課題があり、成熟度のレベルを上げるごとに課題も変化していきます。ここでも成熟度レベルに合った課題設定と改善活動を進めることで、組織は健全に成長成熟すると考えられています。

第3章

組織のあり方を示す
原理原則と強靭な組織の作り方

1）組織運営の3原則

　業種に関係なく、組織が有効に機能するには3つの原則が機能している必要があります。このことはアメリカの経営者チェスター・バーナードがその著書「経営者の役割」で述べています。まず、バーナードは組織を以下にように定義しました。

　組織とは「二人以上の人々の意識的に調整された活動や諸力の体系」であるとしています。つまり、組織は二人以上の協働が働いているときに機能するというのです。どんなに人財がそろっていても協働していなければ組織ではないのです。それは烏合の衆でしかなく、成果は出ないのです。

　またバーナードは、組織の存続に必須なのは、「協働意欲」、「伝達能力」、「目的の存在と受容」であると述べています。組織の中に目的が共有され、対話が成り立っていて、目的達成に向けて組織構成員が参画意欲を以ていることが必要というのです。

　つまり、①組織の目的、②対話、③参画意欲の3つが、組織運営に欠かせない3原則と言えるのです。

2）組織も信念（価値観や理念）で動く生き物である

バーナードの言うように、目的（理念）があってこそ、組織と言えるのです。

私たちは人間は、信念（価値観）に基づいて生きていますが、組織も信念（価値観・理念）に基づいて行動し、組織文化を構築してきています。一方で、実績としては、これまでの組織の歴史が現在の組織を形づけています。したがって、健全で卓越した組織を作り上げるのは、これから、企業理念に基づく意思決定や実践が大事になります。健全な組織はその基盤に企業理念があり、健全な習慣が定着しているのです。

企業理念を大切にしましょう。理念がなければ、まず理念を作りましょう。

3）強靭な組織の姿

組織運営の3の原則を生かして、強靭な組織を作る取り組みの一つとして、プロジェクト活動で組織変革をする方法を紹介しましょう。

プロジェクト方式は筆者が多くの組織変革で実践してきた手法です。さらに、このプロジェクト活動の延長線上に経営品質の向上が実現し、日本経営品質賞受賞組織を生み出してきました。

具体的な手順や各ステップの注意点などを明らかにしていきましょう。その前に、優れた組織の特徴を組織運営の3原則の視点で紹介しておきましょう。

（1）強靭な組織に見られる共通した組織運営の原則

　強靭で優れた企業は、組織の規模に関係なく、また、業種業態に関係なく、組織に一体感があり、組織メンバーが組織の目的達成に向けて協働している姿が、普通に見られます。そこでは、横を向いたり、斜に構えたメンバーは存在していません。組織の目的に異議を唱える社員もいません。全員が組織目的に共感し納得して共有出来ているのです。

　優れた企業はそのような組織を作り上げるために、日々取り組んでいるのです。また、採用時には企業目的に共感する人財を集めること、社員の研修では企業理念や社是の大切さやその機能を教えていること、さらに、社内での面談や会議の場でも繰り返し、組織目的について、経営層が語り、対話を繰り返していること、などがあります。

　つまり、優れた組織では、組織目的の実現に向けた活動が最優先されています。そこでは、健全な企業文化を定着させる取り組みが習慣化されているのです。

　組織メンバーが判断に迷った時の拠り所は、企業理念や経営理念、社是で示されている企業の価値観です。理念が最上位の判断軸になりますので、経営層の意思決定のズレや戦略方向の間違いを未然に防ぐ働きをします。したがって、組織メンバーは安心して仕事にいそしむことが出来るわけです。

　例えば、組織メンバーの一体感や高いモチベーション、優れた顧客対応で世界のトップに位置付けられている企業の１つに、リッツカールトンホテルがあります。国内でも大阪や東京、沖縄などに展開しているラグジュアリーなシティー・ホテルですが、ここでも企業理念を拠り所として経営層とスタッフとのコミュニケーションを大切にした組織運営が行われてい

ます。

　第６章・第８章で取り上げる優れた企業群は、リッツカールトンホテルと同様な組織運営を行っています。経営トップを始め、経営幹部から現場リーダーまでが理念を語り、組織メンバーのやる気を高めるための対話を心がけています。

　つまり、優れた企業は、組織運営の３原則である「目的の共有」を図り、「参画意欲」を高め、「コミュニケーション」を大切にした経営を行っているのです。

　私は、長年に渡って、経営支援（経営コンサル）や経営品質賞審査員として、多くの会社の朝礼を見てきました。また、国内外の優れた組織の視察やベンチマーキングを行ってきました。そこでの気づきは、当たり前のことですが、いい会社は朝礼も素晴らしいという事実です。そして、いい会社は組織運営の３つの原則をしっかりと取り入れ、定着させているということが確認できます。さらに、この３つの原則が定着している組織は、社是や理念に基づく経営行動が行われる企業文化や風土が確立しており、組織が健全に発展していることが確認できます。このことは、例えば、日本経営品質賞を受賞している企業に共通してみられる特徴の一つとなっています。

（２）優れた会社は組織運営の３つの原則を取り込んでいる

　優れた組織を分析すると、そこには３つの組織運営の原則が定着していることがわかります。つまり前述の「目的の共有」、「参画意欲」、「対話（コミュニケーション）」です。

　まず、目的の共有です。

　どのような組織にもその組織の存在目的があるはずです。それは、社是であったり、企業理念、経営理念であるかもしれません。

　・何のために組織が存在しているのか
　・組織の使命は何なのか
　・我が国に存在する組織としてどのような社会的使命を果たすのか

　組織の歴史や、業界、組織が存在している地域などによって、それぞれに掲げている価値観は異なりますが、明確に組織内に示されていることもあり、明示されていなくても暗黙知的に組織の全員が理解している場合もあります。

　問題は、この社是や理念などの組織の価値観や使命を組織メンバー全員が共感し、納得しているかどうかということです。

　筆者の経験で次のような事例があります。

　あるグローバル企業に初めて訪問した会議で、経営理念を質問したことがあります。筆者は初めてビジネスの支援を始める場合に、まず始めに、「貴社の企業理念は何ですか？」と質問することにしています。

　この企業の場合、出席していた担当の役員以下、参加している経営幹部が誰一人として自社の理念を答えることができませんでした。役員室には経営理念が掲げられているようですが、その場にいる役員はもちろん、参加している経営幹部が必死になって頭をひねったり、手帳をめくったりしていましたが、結局、誰も思い出せないのです。最後に、会議に参加していた幹部の一人が役員室の壁に掲げている理念を確認してくることになりました。これでは、理念が浸透し共有しているとは言え

ず、理念に基づく企業経営が行われているかは怪しくなります。

一方で、このような事例もあります。

この事例の企業は、企業理念が会社の経営計画書に掲載されていることはもちろん、企業理念の項目1つ1つの意味を丁寧に解説しています。経営計画書はハンディタイプになっていて、社員全員が常に携帯しています。さらに、各職場や会議室、役員室などには、額に入った企業理念が掲げられています。各職場の朝礼では、毎朝、冒頭で企業理念の唱和が行われます。

会議室に企業理念が掲げられている目的の一つは、議論が紛糾した場合に、経営陣や経営幹部、あるいは会議をリードしているメンバーの独断ではなく、企業理念に基づいて判断するルールになっているのです。企業理念が物事の判断の基準ということが浸透していますので、意思決定がぶれることが極めて少ないということになります。この企業の事例では、会議などで若手社員も臆することなく発言ができるし、その意見が企業理念にかなっていれば、採用されることになります。そうすると当然ながら、やる気も高まりますし、職場の雰囲気も良くなります。

次に参画意欲です。

組織目的を達成するには、組織のメンバーが、その目的達成に向けて意欲をもって行動することが必要です。組織目的に、共感し納得し共有している組織メンバーを目的達成に向けて内的な意欲を駆り立てているか。それは、組織メンバー1人ひとりの意識の持ち方であり、その組織のリーダーのリーダーシッ

プの問題でもあります。

　常に組織の目的を確認し、メンバーも参画意欲を高め、維持することで、効率的に成果を生み出すことにつながります。

　例えば、よく見られる風景として、夜の居酒屋で、会社や上司を痛烈に批判し、声高に不満をじゃべりあっているビジネスパーソンのグループがいます。本人たちは気勢を上げることで、その時はすっきりした気分になるでしょうが、何ら解決になりません。会社や上司に問題があるのでしょうが、本人たちにも問題があるかもしれません。いずれにしても、会社の目的実現に向けて意欲をもって取り組むという風土なり、環境ができていないことが主要な要因と考えられます。

　一方で、ホンダでみられる「ワイガヤ」のように、職場のみんながワイワイ・ガヤガヤと話し合いながら仕事を進めるような風景は、参画意欲が高く、効果的に成果が出る風土や環境ができている組織といえましょう。

　IT化が進んだ現在、ワン・ツー・ワンで話す機会がないという組織も増えていますし、リモートワークが必然になってきた現在、PCに向かって黙々と仕事をするのではなく、ZOOMなど、SNSを活用して、話し合う場を作っていくことが必要な時代になってきています。

　最後にコミュニケーション（対話）です。

　組織目的を共有しつつ、メンバーの参画意欲を高めるためにリーダーシップと共に、組織内のコミュニケーションが大事になります。コミュニケーションは対話です。対話は１対１の話合い、１対複数の話合い、複数対複数の話合いがあります。もちろん、上司対部下、同僚同士、部署間などでも対話があり

ます。

　対話は、訓辞や一方的な報告・指示命令ではありません。

　対話は野球のキャッチ—ボールのようなものです。１つの話題（ボール）が対話者間を行き来します。つまり、相手が話している（ボールを投げている）時は、こちらは聞き役（ボールを受ける役）になります。こちらが話している時は、相手は聞き役となり、相互に役割を交換しつつ話が展開されます。これを対話と言います。

　キャッチボールでは一般には１個のボールしか使わないように、対話でも１件づつ、話題を片付けていきます。以上が対話の原則です。

　しかし、現実はどうでしょうか。職場での対話が原則通り行われているでしょうか。例えば、朝礼や上司との面談で、持ち時間の80％以上を上司がしゃべり続けるようなこと（たくさんのボールを投げ続けること）が起きていないでしょうか。あるいは上司が一方的にしゃべりつつけるような会議になっていないでしょうか。話を聞いている方はたくさんのボールを受け、やがて受けきれずに、周りにポロポロとこぼしてしまいます。グローブやポケットに数個のボールが残っているだけという悲惨な状態が毎日続くことになります。これではみんなが意欲をもって課題に取り組むのは不可能です。

　職業柄、社長が参加する会議をオブザーブすることも多いのですが、２時間の会議が社長の独壇場となり、１時間50分も話すというケースに出会うことがあります。その組織が経営支援先ですと、さすがに会議終了後、社長に一言、苦言を呈することになります。組織の目的を共有し、メンバーの参画意欲を掻き立てるには、対話の原則に則り、丁寧な対話を組織内に定

着させることが求められます。

4）強靭な組織を作る人財

　組織運営の3原則を有効に機能させるには、組織そのものが健全に運営されていることが望まれます。それは強靭な組織づくりにつながることでもあります。ではどのようにして強靭な組織を作っていけばいいのでしょうか。

　まず、企業理念を浸透させる取り組みです。必要なら企業理念を再作成します。そして、組織文化を健全なものにしていくのです。企業理念を浸透する過程で、前出の組織の発達不全などの障害や生活習慣病を打破し、理念実現に向けた組織一丸となって前進する文化を作っていきます。

　同時並行的に人財の育成を行ないます。

　人財は知的資産の宝庫であり、暗黙知の塊です。また、人財育成は投資と考えることが望まれます。景気が悪くなると研修費をまずカットする企業や、リストラをする企業は人財（会社の財産）を削っているわけですので、組織は当然弱体化します。

　若手社員や中堅社員向けの研修は整備されていますが、管理職以上の階層に対する研修が希薄な会社が多く存在します。経営幹部は経験も豊富であり、自ら学ぶので会社があえて研修をする必要はないと考える企業が多いのです。しかし、組織の階層が上がり、仕事の質や責任の重さが変わってくると、それに応じた新たな研修を会社が準備することが必須になります。

（1）経営幹部層研修の必要性

　組織の中で階層を上がるほどに、求められる能力や経営知識、人間性（品位）に対する要求レベルは向上します。しかし、自己の能力と要求レベルには大きなギャップがあり、これを自己啓発で埋めることは不可能であると言われています。

　例えば、部長レベルの時は大いに評価された人物が執行役員や取締役になった途端に、責務が果たせず一気に評価を落とすという事例が多くみられます。これは、部長職の責務は十分果たせるだけの能力は持っていたが、取締役の役割や責任を果たすために必要な能力は不十分であったということを表しているのです。このことは当人の責任ではなく、会社が取締役の責務を果たせるだけの能力開発を支援（内部研修や外部研修、エグゼクティブコーチをつけるなど）する制度がないことに起因しているのです。

　こうして、有能な幹部をダメにしている会社がいかに多いことか。経営品質向上活動に組織力向上や人財開発が組み込まれている理由の1つと言えましょう（『成人発達理論による能力の成長』加藤洋平著参考）。

　ちなみに、心理学の一分野に「発達心理学」がありますが、その昔は幼児期から青年期までの人の発達段階が対象の心理学でした。近年はこの発達心理学は成人（幼年期・少年期・青年期から壮年期・老年期・死後）の発達段階までの研究が進んでいます。

（2）強靭な組織を構築し、機能させる

　そのためには、理想的な姿を実現するための戦略、組織体制、経営幹部のリーダーシップ（管理職から現場社員までの

リーダーシップが必要な場合もある）などが有効に機能していることが必要です。また、顧客本位の業務プロセス、自社の事業分野とポジショニングの明確化、競合他社との差別化（できるならば模倣困難性を高めるナレッジの構築）、情報マネジメントの構築が求められます。経営情報に基づく、経営をコントロールする優れたコックピットシステムの構築などを実現していくことが大事です。強靭な組織を実現するには、組織全体をスリムで柔軟性のあるスタイルへと成長進化させる必要があります。

5）強靭な組織を作る人財育成と能力開発

（1）考え方の前提

　とかく、マネージャーはOJTやOFFJTで教育したことを部下は一度で身に着けると考え、「それは教えただろう」とか「研修を受けただろう」と部下を責めることが起きがちですが、人は一度では新しい知識やスキルは身につくものではないことを理解しておくことが必要です。

　新しい知識やスキルは、次のようなプロセスを経て、一人一人が体得していきます。正確に知識を体得していないと、正確な行動にならないのです。

- 知らない（無知）
  ↓
- 学んだ（知っている）
  ↓
- 出来る（わかった）
  ↓
- やっている（体得した）

現実には普通に実行できるようになって体得していると言えます。ここまで来ないと正確な仕事はできないのです。

　おおよそ、以下のような教える手順を踏むことで部下は育ちます。
- その仕事の目的を理解させる（丁寧に説明し、理解したか、話させて確認する）
- やって見せる（営業でいえば同行営業で、顧客との対話をそばで見せる）
- やらせてみる（営業でいえば、ロールプレイで、プロセスを説明させながら、そばで見る）
- 実践させる（営業であれば同行して顧客との対話をさせる）
- その仕事を任せる（疑問が出たらすぐ質問できる仕掛けを作っておく）
- 時々、チェックする（自己流に変更していないか。場合によっては対話を通じで修正するか、自己流と見えてプロセスが良ければ採用する）

　担当職務をしっかり覚え、一人前になるにはそれなりの時間がかかります。リーダーは教育研修に手抜きは厳禁です。さらに、その仕事に磨き上げ、業界トップレベルまで引き上げるには時間がかかるのです。どのような仕事であれ、
- 一流になるには10年
- 業界トップになるには20年
- 世界のトップになるには30年

かかるのです。このような考えで人財を育成し、優秀な人財が

豊富に揃うと組織力は強靭になっていくのです。

（2）忘却曲線（エビングハウス曲線）と習熟曲線

　人は新しく学んだ知識やスキルは1日後に70％程度は忘れるといわれています。従って、適切なタイミングで何度も繰り返すことで記憶を定着させる必要があるのです。

　忘却曲線と似たようなカーブを示すもう一つの曲線に「習熟曲線」があります。

　筆者は、若いころに、製造現場の作業標準や標準時間を設定する仕事をしていたことがあります。量産ラインの作業者は、30秒から1分ほどの作業を繰り返します。一見すると単純作業に見えますが、実際はそうではないのです。

　例えば、30秒ほどの新しい作業を覚える時、ベテラン作業者は4,5回繰り返すと、標準時間で作業ができるようになります。ところが新人作業者であれば、100回程度訓練しないと標準のタイムでその作業をこなせるようにはならないのです。

　このことは何年もかけ、多くの作業者をタイムスタディして、データを集めたので、間違いはないと言えます。そして、個々の作業者の1回あたりの作業時間をグラフにすると、ほぼ似たようなカーブで作業時間が減少していき、標準時間前後で安定するのです。この状態まで訓練して作業者を製造ラインに付けないと、安定した生産ができないばかりか、作業品質も確保できないのです。

　ここからわかるのは、一見単純な仕事に見える作業（事務作業でも営業でも、プログラミングでもあらゆる仕事）でも、相当数の繰り返し練習をしたうえで、実践に付けなければ、期待する成果は上げられず、トラブルを起こすことになりかねない

ということです。このことを、肝に銘じて人財育成に取り組む必要であることが理解できると思います。

これは、「習慣化」の話とも関係しています。何かを習慣化するには3週間が必要とか、66日間はかかるといった説がありますが、私流にいえば、何回繰り返したら習慣化できるかということです。

習慣化とは脳内の回路がしっかりとできている状態でもあります。脳科学的には脳細胞間をつなぐ、シナプスの太さが関係するといわれています。シナプスを太くするには、そこに繰り返し電気信号を通すことです。つまり繰り返し、繰り返し同じ作業や仕事、学習を行うことで、記憶が定着し、躊躇なく正しい動作や作業ができるようになるということです。

一流の音楽家、トップレベルのアスリート、一流の職人、日本の「道」といわれる分野での達人といわれる人たちが、どれほど繰り返し鍛錬しているかを考えればわかることです。プロのビジネスパーソンを育て上げ、プロの組織集団を作り上げる鉄則がここにあります。人財育成には、倦まずたゆまず、砂浜に水を撒くような根気強さが求められます。人を育て、強靭な組織を作り上げるポイントと言えましょう。

（3）社内研修体系を構築し確実に実施しよう

これまで述べたように強靭な組織創りはそれぞれの分野のプロ人財を育て上げ配置することが条件です。外部研修も含めて、漏れのない教育研修体系を構築し、確実に実施することが求められます。

社員の教育研修はそれぞれの企業で独自の形態があってもいいですが、以下のポイントは抑えてほしいと思います。

　まず、階層別研修。

　階層別研修は新入社員から順次実施するようになっていると思われますが、これまでの長い経営コンサルティングの経験にもとづき4つの問題点を指摘しておきます。強靭な組織づくりに欠かせない内容です。

①階層別研修の内容が時代に合わせてメンテナンスされていない

　10年1日のごとく、毎年同じ内容を繰り返し実施し、マンネリ化しています。

②中堅社員研修は薄い

　どういうことかというと、新入社員から入社5年目ほどは、毎年、何らかの研修が用意され、会社が必要と思われる内容を教えています。ところが中堅社員（入社して中間管理職になるまでの期間）の研修が薄いのです。人事部が用意する階層別研修メニューを見ると確かに、新人から入社5年目までの若手社員と同じような研修数が準備されているように見えます。ところがこれを中堅社員時代の年数に広げてみてほしいのです。新人から5年目までの人財は少なくとも1年に1回は研修機会があるにもかかわらず、中堅社員は数年に1回の研修があるか無いかの状態が続くのです。これが中堅社員の成長を阻害している一要因であると筆者は考えています。会社の中で経験も積み、いわゆる稼ぎ頭の中堅社員に身につけてほしい知識やスキルを洗い出してメニューを充実していきたいものです。

③多くの組織で欠落しているのが管理職以上の研修である

　特に部長職クラスになると人財育成の範疇から外されている

組織が多いです。

　皆さんの会社では、初任の部長・事業部長・執行役員・取締役の研修を実施しているでしょうか。多くの組織はこれらの上級幹部は自己責任で能力向上を図るであろうと考えていますが、これは間違いです。

　上述したように、中間管理職に求められる能力と上級管理職に求められる能力は質も量もレベルも異なっているのです。中間管理職の経験はほぼ役に立たないと断言してもいいくらいでしょう。

　出来る「スーパー中間管理職」が上級幹部に抜擢されたが、力を発揮できずに降格されたり、退職していく事例を見たことはないでしょうか。私はこのような場合、責任の多くは経営陣または会社の制度に問題があるとみています。上級幹部に求められる能力（経営知識やスキル）がどのようなものかを明確に把握していない会社が「スーパー中間管理職だから上級幹部の仕事もこなせるであろう」と安易に昇格させて、人財を潰しているのです。

　職位が上になるほど、求められる知識やスキルは増え、高度化してくるのです。本人がこれまで培ってきた能力や経験では対応できずに戸惑い、自信を無くしていくのです。上級管理職の研修を充実させることの必要性がここにあります。

④上級幹部の新任時には研修メニューを準備すべき

　例えば、「上級幹部としての心構え」、「会社法などの法的知識」、「善管注意義務」など。さらに、これから「経営幹部として対処すべき想定される課題とその対応能力」、「経営幹部としての社会・経済常識」、「経営知識・スキル（経営幹部のリー

ダーシップ・戦略思考・組織構築と運営）」など。

　これらの内容を社内外の専門家で研修を準備する必要があります。そのうえで、個人の自力向上を促すことが必要です。

（4）職種別専門研修

　自社に必須な職務が存在します。それは業種により異なり、事業の構成でも異なります。例えば、製造業であれば、それはマーケティング・研究開発・商品開発・設計・生産・販売といった価値創造の職種に加え、経営企画・経営管理・人事総務・経理財務・生産管理・購買・品質管理・物流管理・福利厚生・法務・広報・教育研修等と多岐にわたります。流通業・サービス業・飲食業などでも同様に、事業を進めるうえで、不可欠な職種が存在しています。

　これらの職種に必要な専門的知識と専門的スキルを担当者が十分に身に着けていなければ事業は成功しないし、顧客ニーズにこたえられないし、競争にも勝てないことは明白です。振り返って、自社の事業を推進していくうえで、必要にして十分な専門的知識とスキルを備えた組織となっているでしょうか。

　現代は外部リソースを活用して効率的に事業を進める企業も多いですが、この外部リソース（専門組織）を活用している場合に、その人財の専門性を正確に評価して協働できているかも明確にしておくことが望まれます。

　自社の事業を進めるうえで必要な専門的知識やスキルがどのようになっているかを評価し、職種別専門研修を構築し、実施することが大事です。

①経営知識・経営スキル研修

　組織上のポジションに応じた経営知識や経営スキルを社員教育することが大事です。経営層や幹部層になって教育することも大事ですが、若い世代から組織経営の原理原則を身に付けさせておくことが必要です。若くして経営的視点を持つことで、自分の担当職務の経営的意義を理解できるようになり、組織を強くすると同時に、社員のモチベーション向上にも寄与するといえます。ここで強調しておきたいのは、経営知識（経営学・経営理論）に加え、経営的スキル（意思決定やリーダーシップ・経営計画立案・課題解決といったスキル）を職位に応じて、計画的に教育していくことです。

②教養・人間力向上研修

　企業規模に関わらずグローバルに事業展開をする企業が多い現代において、日本人としてのアイデンティティーを確立した人財が求められています。仕事人としての知識・経験・スキルに加え、これに一人の人間としての教養を身に着け、人間力の向上（人格の向上）を図ることが必要です。

　「企業は人なり」といわれますが、経営トップから第一線の社員が教養を高め、人間力を高めている企業は、魅力的な組織となり、顧客の支持も高まるとともに社会的評価を得られるでしょう。何よりも社員の会社へのエンゲージメントが高まり、集団としての一体感が強くなっていきます。つまり、強靭な組織創りを支える強力な一面もあるのです。ぜひ、人財育成メニューに組み込み実施されることをお勧めします。

③課題解決能力向上研修

　組織は常に様々な課題や問題に直面します。顧客からのクレーム、商品・サービスの品質問題などが生じます。これらを緊急対応で対処療法的に対処するだけで終わらせる組織が多いですが、やはり根本的な解決を図り、この結果を社内的な知見として蓄積していくことが必要です。対処療法的な解決に追われている組織は、繰り返し同様のトラブルが発生し、一向に組織力が強化されない事態に陥ってしまいます。問題の真因を把握し、根本的な解決を図り、再発防止を進めることで、組織内の問題の質が変化してきます。繰り返すことで必然的に組織力が強化されていき、課題解決力、問題解決力が強化されることで、組織内で問題の未然防止策がとられるようになってきます。

　この結果、問題の発生が減少することになります。一般的に品質トラブルによるコストは把握されていないケースが多いですが、一度、年間でも半年でもよいので、品質トラブルに関わる損失を集計してみることをお勧めします。物的損失や人的損失（トラブル対応の時間とコスト）、顧客への補償、商品の再作成など、１件のトラブルに関わるコストと時間を把握できる仕組みを構築します。その結果、経営陣から現場担当まで、想像を絶する費用をかけていることがわかるでしょう。これらのトラブルが経営に与えるコストは大きいのです。さらに関係する社員のモチベーションを下げていることにも気が付くでしょう。課題解決や問題解決（再発防止や未然防止）の知識とスキルは組織人としての必須項目です。計画的に教育研修を進める必要があります。

（5）強靭な組織創りを進める

　ここからは強靭な組織創りの具体的プロセスを説明していきます。

　ここでは筆者が組織改革に適用してきた委員会活動またはプロジェクト活動を前提にして話を勧めます。

①委員会またはプロジェクトを作る

　委員会やプロジェクトチームは課題の大きさで、チームの構成が変わるがここでは全社的な課題を解決することを前提にしています。

まず、プロジェクトの構成ですが、

- リーダー：経営トップ
- サブリーダー（必要であれば、専務）
- 事務局長：専務または常務
- プロジェクトメンバー：各部門門トップ＋若手管理職（ワーキングチームメンバー）
- 事務局：管理部門管理職・中堅社員＋各部門から数名

なお、プロジェクトメンバーや事務局には、女性社員や若手の有望株を入れて、人財育成の場にすることも有効です。

　プロジェクトメンバー数は、組織規模で大きく変わりますが、できるだけ全組織をカバーしていることと、当然ながら仕事ができるメンバーを選定することが重要です。

　また、組織改善や組織改革といった全社的な革新活動はトップが関与することが大事です。これらの活動は、トップの関心が薄れると一気に活動が止まってしまう事例を多く見てきまし

た。つまり社員の多くはトップの本気度を見ているのです。

②強靱な組織創りに本気で取り組むためのポイント

　強靱な組織創りのような組織改革活動では、全社的な推進組織の事務局を置いた委員会かプロジェクトを組む事をお薦めします。このような委員会やプロジェクト活動では、事務局が活動の死命を制すると言えます。事務局長はできれば組織のNO.2かNO.3を選定する事が望まれます。社内的な影響力があり、人望がある経営陣を事務局長にすることで成功確率は上がります。

　また、事務局に各部門からやる気のある若手・中堅社員を入れることも重要です。プロジェクト（委員会）推進事務局は貴重な経験となり、全社的な視野を持った人財育成の場ともなります。筆者の経験でも20代の若手社員時代に全社的なプロジェクトの事業部サイド事務局スタッフとして参加しました。経営トップと同席する事務局会議は、大変緊張もしますが、経営層の考えや人柄をじかに知る貴重な機会になります。

　さらに、事務局の活動が大事で、事務局の活動によって、プロジェクト進捗のスピードが決まります。しかし、事務局が独走してはいけません。あくまで、主役はプロジェクトメンバーです。したがって、事務局は、プロジェクトの進め方に細心の注意を図ります。裏方として、プロジェクト進行に眼を配り、メンバーの活動がしやすくすることが必要です。

　もちろん、プロジェクトメンバーの選定も重要です。

　各部門代表者を選出することになりますので、部門内でそれなりの発言力もあり行動力もある人財を選ぶことになります。プロジェクトの課題に関わる知識や経験があることに越したこ

とはありませんが、学習意欲とやる気があればプロジェクト推進に必要な知識やスキルを身に着けることは可能です。

③委員会またはプロジェクトの進め方
　ここからはプロジェクトという表現で統一して説明します。

　何はともあれ、できれば2泊3日ほどの「プロジェクト発足合宿」を実施しましょう。できれば3泊4日が理想です。難しければ2回に分けることでもいいでしょう
　（1泊2日を2回）

　初回の合宿では、まず、合宿の目的やスケジュール概要を共有します。
　そして、プロジェクトの目的や目指すビジョン、プロジェクトの目標、達成時期、期限内でどこまで進めるかを明らかにします。
　また、プロジェクトで取り組む内容や各組織の理想的な姿（組織、社員、顧客、競争力、業績、主要なKPI）、各プロジェクトメンバーの役割なども設定します。プロジェクト合宿は、ファシリテーターの進行で合議します。時間がかかっても全員が納得するまで進めます。プロジェクト推進になれていない場合は外部のファシリテーターに依頼する方法もとると良いでしょう。
　プロジェクト方式などにより組織改革活動を初めて取り組む場合は、その進め方や役割分担、スケジュールなど、内容不明であることも多いので、スタート時に疑問点をすべて出し切っておくことをお勧めします。すべてがその場で答えが出なくても「良し」とします。「そのような課題があるね」と共有して

おくとよいでしょう。外部ファシリテーターによって標準的な
進展事例をまず学習することも良いでしょう。

　進め方が納得できたところで、プロジェクトの目的、目指す
ビジョン、期限内でどこまで進めるか、取り組む内容、各組織
の理想的な姿（組織、社員、顧客、競争力、業績、主要な
KPI）や各プロジェクトメンバーの役割などを納得するまで検
討します。ここで有効な方法は議論ではなく合議方式をとるこ
とです。会議の進め方は大切な要素ですので、必要なら外部
ファシリテーターの応援を受けるといいでしょう。以上の項目
がほぼ明確になったところで、夜は打ち上げ懇親会を開催しま
す。筆者はこの打ち上げ懇親会を重要視しています。夜のこの
時間がとても大事です。

　打ち上げのポイントは以下の通りです。
- トップの感謝：よくここまでやるべきことを明らかにして
  くれた事への感謝
- 事務局長の決意表明：メンバーの頑張りに感謝し、今後は
  活動を成功させることを前提にしてメンバーを支援してい
  きます。全員で成し遂げよう
- 懇親会スタート。一通り、アルコールと食べ物が回ったこ
  ところで、各メンバーが決意表明をします。これも必須で
  す。（全員2, 3分）
- その後、しばらく懇親し、一本締めでお開き、2次会を開
  いても良いでしょう
- 一体感、仲間意識を醸成しておくことで、今後のプロジェ
  クト活動がスムーズに動くようになります

打ち上げ懇親会は、前祝いの意味があります。これを「予

祝」と言いますが、如何にもプロジェクトが成功したというイメージでお祝いをするのです。

　翌朝に解散する場合は、朝食後にすぐに解散するのではなく、できれば午前中の時間を確保し、次回の進捗会議までに各メンバーが取り組む内容の再確認をしておきます。しばらくは月例か隔週サイクルの定例会議を設置し、次回の会議日程を確認して解散します。なお、次回以降の定例会議ではプロジェクトの進捗確認と共に適宜「先行事例研究」などをテーマとして入れるといいでしょう。

④合宿後の具体的な取り組み内容
　合宿で取り上げられた課題の改善作業の進捗確認と新たに持ち上がってくる問題の共有と対策案の検討を定例会議で確認しながらプロジェクトを進めます。
　取り組んでいくうちに、改善課題となる現状と問題なのかどうかがはっきりしない現状が出てきます。日常的に無意識に進めている仕事や習慣的に取り組んでいる仕事などが、問題として浮かび上がってくることがあります。この場合に、現状を頭から否定しない事が大事です。メンバーがこれは無駄ではないかと気づき、職場に持ち帰って議論してもらい、改善案を持ち寄る様にするといいでしょう。
　このように職場へ持ち帰ることを繰り返して、「プロジェクトが勝手に何かをやっているのではないか」という現場の疑いを払しょくし、全社で取り組む雰囲気を始めから作ることも重要です。
　また、経営規模が大きい場合は、各職場にサブプロジェクト

を起こすことも良い方法と言えます。

　組織改革を進めるうえで、機能的に不足しているところは徐々に新規構築していきます（仕組みやプロセス、KPIなど）が、まず現状の取り組みの改善や強化を優先する事が大事です。現在の仕組みやプロセスを改善することで課題解決できないかを優先し、あまり新規の仕組みづくりに走らないことです。

　このようなケースがあります。
　あるコンサルティング・ファームの事例です。
　組織改善の専門家組織が自社の組織力向上プロジェクトに取り組んだことがあります。ここでも「現状の強化改善を優先し、本当に不足している仕組みのみを追加しましょう」と初期段階で提案していましたが、経営コンサルタントという知的集団ですから、社内の欠落機能に眼が行き、あまりにも仕組みがなさすぎるという判断になり、各担当がどんどんと新しい仕組み提案し（そこはプロだから作るのはお手の物）、新規の仕組みが沢山できました。
　しばらくすると現状の業務に加え、新規の業務が増えたことで社内に混乱生じることになりました。そこでようやく、新規の仕組みをほとんど停止させ、現状の業務を強化改善することにかじを切って、成果を出したという事例があります。

⑤セルフアセスメント
　全社的に現状の仕組みやシステム、KPI（実績）を把握できたところで、自社の現状の改善課題を摘出する評価（セルフアセスメントを実施します。あわせ自社の組織成熟度を評価）をしてみるのもいいでしょう。

自己評価する方法として、日本経営品質賞アセスメント基準書を使う方法もあります。この基準書の使い方は、日本経営経営品質賞の仕組みや使い方を熟知する専門家の支援を得ると、より正確な判断ができるでしょう。（日本経営品質賞について後段の章で解説をしています）

　このセルフアセスメントもできれば合宿で、社外で行うことがおすすめします。

　自社の現状を分析し、自己評価をすると、多くは「やはりそんなもんだな」という声が聞こえてきます。つまり「うすうす、自社の問題点を理解し、ここを何とかしたい」と考えている経営者は多いし、現場管理職（各プロジェクトメンバーも現場目線で問題点をとらえている）もわかっていたが、これまでは問題提起ができなかった内容が客観的に明らかになるのです。洗い出された多くの課題は優先付けして、改善に取り組む様にします。合宿では、改善課題の絞り込み、改善担当、改善スケジュールを明確に決めるまでは解散しないようにします。

　合宿で絞り込んだ改善の進捗状態を定例のプロジェクト会議（委員会）で報告し合い、改善の方向性を確認し合います。この活動を１年間は繰り返し、１年後に現状を把握して再度セルフアセスメントを実施します。改善の進捗や組織の成熟度を合わせて把握したい場合は日本経営品質賞アセスメント基準書に照らし合せて現状把握及び自社の強み、弱み、組織成熟度をあきらかにします。

　ほぼ１年サイクルで、改善と現状把握を繰り返し、当初の課題を改善できたとすればプロジェクトの役割は終了します。より客観的な組織力を評価したい場合には日本経営品質賞や各県

の経営品質賞に応募する方法もあります。

　社内のセルフアセスメントで組織成熟度が「B以上」になったら日本経営品質賞に応募する事ができます。この賞に応募するためのセルフアセスメントは経営品質協議会認定セルフアセッサーが実施することが必要です。このことは、別の章で説明しましょう。また、自社が所在している県で経営品質賞（県知事賞や市長賞など）があれば、まずここに応募することがおすすめです。地方賞の場合は組織成熟度の応募制限はありません。

　日本経営品質賞や地方の経営品質賞に応募すると専門の経営品質賞審査員がチームで審査を進め、自社の成熟度、強み、改善領域を詳細なレポートでフィードバックしてくれます。（審査の詳細は別途、後段参照）具体的には経営品質賞委員会（日本・各県）から評価レポートが返ってきますが、これは自社の課題を客観的に評価していますので、評価レポートを解読することで、自社の組織強靭化活動や組織成熟度向上活動のよりどころになります。ここで指摘される自社の強みと改善領域は、自社の成熟度に応じた強みであり、改善領域であることが「みそ」です。

　評価レポートにある現在の強みも組織成熟度が上がると強みとは言えなくなります。高いレベルの成熟度組織から見ると弱みとなることもあり得るのです。つまり、現状の組織成熟度でみると強みと判断できるという意味であり、この評価の仕方が、経営品質賞審査の大きな特徴です。組織成熟度を１ランク上げる重要ポイントがわかるようになっているのです。言い換えると組織改革のような大きな改善活動は一気に高いレベルの改善を実現しようとすると失敗する確率が高いと考えられるの

です。そこで評価レポートの改善提言も一気に強靭な組織にするための改善提言ではなく、1ランクアップの提言が書かれています。ここがいわゆるコンサルタントファーム等の改善提言と違うのです。自社の実力に合った改善提言が出てきますので、失敗する確率が低いと言えます。

　組織改革は一挙には進まず、一歩一歩確実に進めることが大事で、いきない高次元を目指すと足元が固まらないうちに高層ビルを作るようなもので砂上の楼閣となりかねません。そこでこの評価レポートで指摘されている「強み」をより強化し、「改善領域」の改善をするための改善プランを作成します（ここでもプロジェクト合宿を推奨します）。

　日本経営品質賞の審査を自社の強靭な組織創り、組織力向上に生かすことが結果的には最速の組織改革活動となります。1〜2年毎に経営品質賞（日本・各県）へ応募することで、確実に組織成熟度は向上し、やがて、県の経営品質知事賞（A−レベル以上）、日本経営品質賞（A＋レベル以上）レベルの成熟した組織を作り上げることができるのです。その時は、自社はプロジェクト発足時に描いていたビジョンや理想的な姿に近づき、組織全体で健全な風土となり、高い社員満足、高い顧客満足、強い競争力、ダントツの業績を実現していることでしょう。つまり自社が強靭な組織として成長発展していることの客観的な証を得ることになります。

　この組織強靭化活動あるいは経営品質向上活動は、市や県の賞や日本経営品質賞を受賞することが目的ではなく、経営品質賞が受賞できる成熟度レベルの組織を作り上げ、永続的に組織力向上に努める組織文化を作り上げることにあります。日本経

営品質賞受賞企業の経営トップが受賞スピーチでよく話される
ことは「これからが本当の経営品質向上活動だと思っている。
経営を続ける以上、終わりなき経営品質向上活動、クオリ
ティー・ジャーニーを継づけて行きます」と高らかに宣言され
る事が多いです。

　それでも多くの組織は受賞するとプロジェクトを解散しま
す。そこで止めるのではなく、受賞後はプロジェクト活動にこ
だわらず、経営品質向上活動を日常の業務の一環として位置づ
け、推進組織を設置して継続することをお勧めしたいと思います。

　経営品質賞受賞を目指したプロジェクト推進のプロセスとそ
こに出てくる、経営品質審査基準の使い方、応募の手順、審査
プロセスなどは後段で詳しく述べます。

第4章

経営品質向上活動プロジェクト
（日本経営品質賞受賞を目指すプロジェクト）の進め方

　組織改善を目的としたプロジェクト活動の本筋は、前章の強靭な組織創りプロジェクトで詳細を述べています。プロジェクトの進め方は同様ですが、日本経営品質賞受賞を目指す場合の進め方に焦点を当てて整理しておきましょう。

1）経営品質向上活動のステップ

　プロジェクトの構成メンバーや合宿の進め方は、前章を参照してください。

（1）日本経営品質賞受賞を目指すプロジェクトの期間
　日本経営品質賞の受賞を目指すプロジェクト活動は3年から8年ほどの取り組みとなる場合が一般的です。したがって、この間、経営トップはしっかりと旗振り役を果たす必要があります。

（2）プロジェクト期間の区分事例
　一般的なプロジェクト推進のステップは以下の通りです。
第1期：現状把握と基本的経営知識・日本経営品質賞の学習：
　　　　経営品質協議会認定セルフアセッサーを複数名養成する

第2期：経営改善活動：認定セルフアセッサーを中心に自己評価（セルフアセスメント）を行い、自社の強み、弱み、成熟度レベルを把握する

第3期：成熟度評価Bレベル：経営品質賞（地方または日本経営品質賞）応募し客観的な評価を得る

第4期：経営品質賞評価レポートに基づく改善計画と経営革新活動

第5期：全社展開プラン作成と全社展開

第6期：受賞レベル（A＋）の成熟度の達成をセルフアセスメントで得られたら日本経営品質賞受賞を目指して応募する

　ここで、心得ておくことは、社内の認定セルフアセッサーの評価と審査員の審査結果は同じにはならないということです。

　筆者のこれまでの経験から見て、審査員の評価結果は社内セルフアセスメントの評価結果より厳しく出ることが多いようです。これは社内のセルフアセスメントが甘いということではなく、審査員チームの審査の視点が社内では気づかない部分に切り込んでいるからと理解してください（社内のセルフアセッサーと審査員の経験の差も大きい）。

第7期：日本経営品質賞を受賞したら、さらなる向上活動を組織内に定着させるための体制構築と改善活動プランの

作成・改善実施

第8期：以降は第2期以降を繰り返す

　これまでの日本経営品質賞の受賞企業事例を見ると1年目で受賞している企業が数社ありますが、多くの場合は、日本経営品質賞に応募する前に、10年、20年をかけた改善活動の積み上げがあります。

（3）受賞組織の義務と再チャレンジ

　日本経営品質賞受賞後3年間は改善活動を報告をする義務とベンチマーキング・講演を受け入れる義務がありますが、ベンチマーキングを受け入れることで社内がさらに改善するという効果がりますので、積極的に受け入れると良いでしょう。

　受賞後の改善効果を客観的に評価してもらいたいとを感じたら日本経営品質賞に再チャレンジしましょう。受賞後3年間は再応募できませんが、5年から10年に一度、社内の次の世代でプロジェクト活動を推進して応募することをお勧めします。2回目の受賞となると、組織はさらに成熟度を上げていることが明らかになります。これまでに日本経営品質賞でも数社の受賞事例があります。

　日本経営品質賞を受賞し、さらに組織強靱化活動で、組織力を高め続けることが大事ですが、プロジェクトメンバーを再編した場合に注意しておくことがあります。これまで蓄積してきた活動や成果を知らない若手メンバーを中心とした場合に、自分たちの知っている範囲で問題点を探し出して改善活動をする恐れがあります。

経験者があまり前に出ることは、メンバーのモチベーションに関わる部分もありますが、経営革新の歴史と強靭な組織としての到達点をプロジェクトメンバーが正しく理解するリサーチからスタートすることが必要です。

要所要所に経験者を配置することもよいでしょう。経営品質推進組織があればプロジェクトを全面的に支援することは当然です。新メンバーには経営品質協議会の認定セルフアセッサーを受講させると良いでしょう。受賞後に養成し、部門内活動や経営品質委員会などに参加している社員を中心にプロジェクトを編成できるとベストと言えましょう。

2）日本経営品質賞（JQA）プロジェクト各期の活動ポイント

第1期：初年度

社内に次のような内容を宣言しましょう。「強靭な組織を作り激動の時代を乗りきれるようにする」「社員満足を高め、顧客満足を高めることで売り上げ利益を向上させる」「競争力を高め、地域社会への貢献活動ができる組織にする」など。

前述のように、プロジェクトメンバーを選定します。第1回会合は、合宿が望ましいです。出来れば未来対応型問題解決法を使って参加者全員で未来予測を立て、強靭な組織（＝経営品質賞受賞レベルの組織成熟度）を実現するまでの取り組み（体制作りや改善活動、役割分担、目的達成までの概要計画を合意する）を明らかにします。

2年間は出来るだけ、プロジェクトメンバーは変えない（途中、部分的な交代はあり得る）で、現状把握からセルフアセス

メント、改善活動、１ランクアップまでの活動を同じメンバーで進めると良いでしょう。

　３年目に日本経営品質賞（JQA）または地方賞に応募（目標：奨励賞）することをお勧めします。ただし、セルフアセスメントでBレベル以上になっていることが必要です。審査が終了し、判定がでて、審査員によるフィードバック会議終了まではプロジェクトメンバーは固定すると良いでしょう。

　一部の入れ替えなどは随時実施するとしても、第１期３年ほどは同じメンバーで取り組むことで活動の社内浸透も進むことを多くの事例で見てきています。また、第１期メンバーは各部門内の経営品質活動の中心となって職場内の啓発と改善を進める役割を担うようにするといいでしょう。

第２期：
　JQAの評価（フィードバック）レポートとフィードバック会議を受けてレポートを解析し、改善計画策定、改善活動、セルフアセスメント、２年後のJQA応募（目標：経営革新賞）に向けて改善活動を勧めます。

　一般的には、４〜６年で受賞レベルに達します。

第３期：
　さらに２年後にJQAに応募（目標：日本経営品質賞受賞）します。ここで受賞できれば、ぜひ全社的なお祝会、関係者のご苦労さん会（初期からプロジェクト活動に関わったメンバーも加えます）を開催しましょう。これまでの貢献に対して、プロジェクトや個人を顕彰しましょう。例えば以下のようなことが考えられます。

- 表彰状授与
- 金一封
- 全社に特別ボーナスを支給する。
- 記念植樹をする。

JQA受賞のマークを入れた名刺やレターセットの作成、HPに掲示するなど。

ここで活動を止めると強靭な組織づくりが中途半端に終わりかねません。組織が存続する限りは組織力向上の活動をさらに強化すべきでしょう。さもないと「MBブルー」(JQAブルー)に陥る恐れがあります（燃え尽き症候群か？）。

受賞後は多くの組織がプロジェクトは解散しますが、社内に経営品質推進部署を設けて、継続して組織力向上活動を定着させています。

経営規模にもよりますが、受賞後に部門単位のセルフアセスメントを実施し、改善の成果などを発表する仕組みを作ると良いでしょう。この活動で成果を出した部門や個人の表彰制度を創設した会社もあります。

また、日本経営品質賞受賞企業は日本を代表する優れた組織であると認められるわけですから、日本経営品質賞受賞後は、講演やベンチマーキングの依頼が各地の経営品質協議会や個別企業からくるようになります。基本的には経営品質協議会事務局や各地の経営品質協議会事務局のコントロール下で受け入れることになります。さらに受賞後の3年間は改善報告として、経営品質協議会主催の「顧客価値経営フォーラム」（経営品質年次大会）で受賞後の取り組みなどを発表することになります。

　前述のようにベンチマーキングは積極敵に受け入れましょう。社会貢献になりますし、何より社員の姿勢が変わり、社員が成長し、会社に対するロイヤリティが向上するなど改善効果は高いです。

　企業内社員で全社の実態をわかっている人は誰もいないということを知る必要があります。つまり会社全体を知るにはすべての組織の代表が集まって合議をすることでようやく全体像や全社的な課題に気づくことになります。プロジェクト活動の必要な理由はここにあります。

　組織強靭化プロジェクトに参加し、改善活動に取り組むことが大きな学習の機会になります。しかし、これを機会に、プロジェクトメンバーは様々な学習に取り組みましょう。プロジェクトを推進していくうえで日本経営品質賞アセスメント基準書は最高の教科書と言えるでしょう。アセスメント基準（クライテリア）をまず理解しましょう。しかし、この基準書には、経営ノウハウや手法は一切書かれていません。わが社を改善していくために必要なスキルやノウハウが社内に不足していれば、プロジェクトメンバーは率先して学びましょう。

　プロジェクトを進めていくと改善すべき課題が山ほどあることに気づきますが、まずは会社全体の概要・現状を客観的に捉えることが大事です。その上で、まず、

- 社風改善を改善しましょう
- 健全な社風、健全な企業文化を理解し、自社内で実現しましょう
- チームや部門間の協働、相互支援、切磋琢磨を企業文化にしましょう

- また、改善を進めるうえで重要な能力である対話力を高めましょう
- そして、コーチングの基本スキルを身に付けましょう
- 組織に対するエンゲージメントを高める取り組みをしましょう。顧客エンゲージメント、社員エンゲージメントを高めましょう

さらに、
- 戦略思考を身に付けましょう
- データサイエンス・デジタル化スキルを高めましょう
- アフターコロナの組織運営の在り方を学びましょう
- 不易流行を知りましょう
- マネジメントの原則・組織運営の原則・リーダーシップの原則・市場対応の原則・企業理念の原則・企業戦略の原則・経営羅針盤、コックピットの原則等を外さない様にしましょう
- 社員の育成、人財開発、モチベーション向上の原則・後継者育成、事業承継について理解を深めましょう

3）JQA申請プロセスの概要

①現状把握

　理想的な姿を何度も描き直しましょう。

　理想的な未来から現状を振り返ると重要な課題に未着手であることが発見できます。現状から理想的な未来を直線的に描いても必ずしも理想的な姿に行きつきません。未来を先に描いてから現状へもどってみることで、紆余曲折が起こりながら成長

することが想定できます。これを乗り切る旅、クオリティージャーニーを通して同志が生まれ、様々な体験を乗り越えることで強靭な組織になっていきます。

②自己評価・改善活動

　これを繰り返し、自己評価で組織成熟度がB以上になったら日本経営品質賞に申請できます。

③申請の条件（詳しくは毎年の「日本経営品質賞申請ガイドブック」を確認してください。）

　このガイドブックには、下記のように応募条件が明示されています。

　「申請資格：以下の要件をすべて満たす組織からの申請が可能です。

- 日本国内に所在する組織
- 日本経営品質賞アセスメント基準にもとづくセルフアセスメントを、社内の「セルフアセッサー認定者」または同認定取得予定者を中心に推進している組織
- セルフアセスメントの結果、総合評価がBレベル以上にある組織
- 申請説明会への申請組織代表者の出席

※代表者が出席できない場合は、代表者に準ずる方の出席が必要です。」

2020年度日本経営品質賞申請ガイドブックより引用

2019年度より「経営品質協議会認定セルフアセッサーによ

るセルフアセスメントの実施」をすることが、申請の要件となりました。つまり社内での自己評価は、認定セルフアセッサーの資格を持つものがアセスメントしていることが条件ということです。日本経営品質賞への申請を考えている組織は社内に認定セルフアセッサーを養成したうえで、自己評価（セルフアセスメント）を実施する必要があります。

④応募プロセスの概要（毎年4月から12月）

　まず、応募しようとする場合は、当年度の説明会に参加し、資格確認を申請します。その後、6月中旬（20日前後）をめどに「経営品質活動報告書」（A4、50ページ）を作成し経営品質協議会事務局へ提出します。

　次に8月頃をめどに担当の審査チームによる「トップコミュニケーション（半日）」に対応します。これは担当する審査チームが提出された経営品質活動報告書をベースに審査チームと経営トップの対話とQ＆Aの「場」となります。

　9月から10月にかけて、審査チームによる現地審査を受けます。審査チームが会社へ来て、現場視察や経営者・幹部・管理職・第一線社員との質疑やヒヤリングを行います。経営者や経営幹部とのQ＆Aの内容は事前に「現地審査課題」として送られてきます。

　審査プロセスが終了し評価が確定すると12月に「評価レポート」が送付されてきます。自社の強みや改善領域が詳しく記述されていて、さらに成熟度も明示されています。会社はこの評価レポートを解析することで次の改善計画に反映することができます。

　最後に、こちらが希望すれば、審査リーダー他数人の審査員と事務局が来社し、半日ほどの「フィードバック会議」を開催

できます。評価レポートの疑問点や改善方向のポイントなどを審査員から聞き出すことができます。フィードバック会議をぜひ希望しましょう。今後の活動の重要なヒントが得られます。

　フィードバック会議の結果も加味して、次年度に向けての改善計画作成を再作成し、場合によっては、次年度経営計画の戦略課題に取り込むなど、次年度の改善活動に取り組みます。以上の活動を繰り返すことで組織の成熟度が向上し、強靭な組織へと成長していくことが可能となります。

　経営品質向上活動を継続するのであれば、ぜひ経営品質協議会の会員になりましょう。会員企業には様々な特典や情報が得られます。会員企業になってから、日本経営品質協議会の認定セルフアセッサーを育成すると研修費用が会員価格となり、大変お得です。

　さらに、毎年２月から３月にかけて行われる「顧客価値経営フォーラム」に参加しましょう。ここでは当年度の経営品質賞受賞企業の報告をはじめ、過去の受賞企業の活動内容を学ぶ絶好の機会です。そして、経営品質協議会開催の研修会などに参加する事で経営品質向上活動に役立つ知識を学ぶと同時にネットワークを広げるチャンスでもあります。また、これまでの受賞企業から自社の組織改善に参考になる取り組みをしている企業を選択し、研究したり、先方にお願いして、ベンチマーキングにも取り組みましょう。

　経営品質協議会に参加し、経営品質向上活動に取り組むことで、我が国の優れた組織集団のメンバーに加わることになり、ネットワークが広がると共に、優れた知的資産を獲得出来ることにつながります。

第 5 章

組織改善に有効な
経営品質向上活動とは何か

　ここでは、プロジェクト活動の成果を評価するときに活用し、組織成熟度を明らかにしてくれる経営品質向上活動を概説しましょう。

1）日本経営品質賞とは

　改めて経営品質協議会の文章を紹介します。

　日本経営品質賞および経営品質協議会の活動を合わせた「日本経営品質活動20周年」に出た協議会のコメントを引用します。日本経営品質賞の目的が明確になっています。

「日本経営品質賞とは

　日本経営品質賞は、1995年12月、顧客の視点から経営全体を見直し、自己革新を通じて新しい価値を創出し続ける「卓越した経営の仕組み」を有する企業表彰制度として、日本生産性本部が創設致しました。設立以来20年が経過した本賞は、80年代の米国経済の復活に寄与したとされる米国国家品質賞「マルコム・ボルドリッジ国家品質賞（MB賞）」を範としています。

　私たちの特徴は、現在の成果を生み出したこれまでの経営を体系的に評価し、組織の未来を創造する指針となる具体的な基

準を公開し、その基準に基づいて自組織の経営を自己評価すること＝セルフアセスメントを奨励していることです。

　多くの企業はこのセルフアセスメントを行って経営革新を推し進めることが、受賞へと至ります。

　この考え方は、ヨーロッパをはじめ、世界80か国以上の国や地域で展開されております。

　わが国でも、多くの企業や自治体で取組まれているとともに、各地域において地域企業の競争力強化を目的として、地域経営品質賞が創設されています。」

2）日本経営品質賞活動の軌跡

　日本経営品質賞（JQA）活動は、1996年から本格的に審査が始まっていますが、これは1987年にアメリカで始まった国家品質賞（MBA：マルコム・ボルドリッジ・アワード）を国内企業の有志により研究会を立ち上げたことがスタートです。その後、現在の日本生産性本部が正式に事務局を担当し、経営品質協議会が発足したことにより始まっています。

　ちなみにアメリカの国家品質賞（MBA）は我が国のTQCを参考にし、さらに1980年代後半の日本企業をベンチマークして、優れたところを取り入れて作られたといわれています。1980年代、日本との経済戦争に敗れたアメリカがどうすれば日本に勝てるか、国を挙げて開発した組織改善の仕組みがMBAと言われています。

　次図は、戦後日本で始まったQC活動がやがてアメリカの国家品質賞（MB賞）からJQAへの流れを概観したものです。

QC活動の進化の歴史

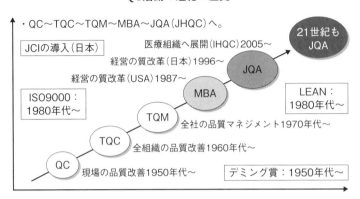

MB賞思考の世界への広がり

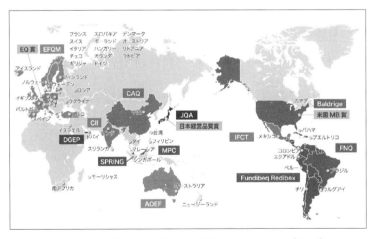

　上図は、JQAと同様の仕組みを導入している国家を表しています（経営品質協議会HPより引用）。

3）日本経営品質賞の制度

日本経営品質賞は事務局を日本生産性本部に設置しています。日本経営品質賞の審査体制は以下のような構図になっています。

4）日本経営品質賞の審査プロセス（概要）

日本経営品質賞に申請する組織は、申請資格の確認を得たあとに、日本経営品質賞アセスメント基準書の要求事項（組織プロフィール、カテゴリーの要求事項、A4で50ページ：組織プロフィール記述10ページ、カテゴリー要求事項記述40ページ）に基づいて記述した経営品質活動報告書を6月中旬までに経営品質賞事務局へ提出します。

当年度の審査員研修を修了した審査員で構成された審査チームが、7月から10月にかけて、概略以下のようなプロセスで審査を行います。

- 各審査員は担当企業の活動報告書から組織プロフィールの特徴を把握します。（組織の理想の姿・目指している姿を把握）
- 審査チームと応募企業のトップで半日程度のトップコミュ

ニケーションを行い、審査チームはトップの考え方や組織プロフィールの内容をヒヤリングします

- 審査チームはトップヒヤリングを受けて、組織が成功する戦略を仮説検討します
- 審査チームで、アセスメント項目ごとの評価の視点を固めます（仮説）
- 各審査員が、個別評価（強み・弱み・評点・評点根拠）を進めます
- 審査チームで、２日間ほどかけて、担当企業の強み・改善領域・評点・評点根拠等を合議を通して評価をします。この段階で、おおよその成熟度を見極めるとともに、最終的に評価レポートにまとめるカテゴリーを担当する審査員を決めます
- 審査チームで現地評価課題を検討し、チームリーダーが、判定会議に臨み、これまでの検討結果と現地審査に進む根拠を説明し了承を得ます
- チームリーダーは判定会議のコメントを受けて、現地評価課題を修正します
- 担当事務局は現地評価の２週間前までに、修正された現地評価課題を担当企業へ送ります
- 審査チームが担当企業へ赴き、２〜３日程度の現地評価を行います
- 審査チームは、２日ほどかけて、現地評価後の合議（評価コメント・評点を見直します〜強み・改善に向けての提言・評点・評点根拠る）を行い、カテゴリーごとの評点、強み、改善提言を検討し、総合的な成熟度を確定します
- 審査チームとして、評価レポートを作成（審査総括・アセ

スメント項目ごとのコメント）し完成させます

- チームリーダーが２回目の判定会議に臨み、最終的な評点・審査総括を報告し、成熟度のレベルに応じて、日本経営品質賞あるいは経営革新推進賞、経営革新奨励賞、受賞なしを報告し、了承を得ます
- 判定委員長は日本経営品質賞委員会で受賞企業候補を説明し、賞委員会で最終決定をくだします
- 受賞企業のプレス発表が行われた後に、希望する企業にはチームリーダー他数人で現地を訪問し、フィードバック会議を行います。フィードバック会議は主に審査リーダーが審査結果のポイントを説明し、応募した企業メンバーとの質疑応答が行われます

　その後、翌年の２月下旬に表彰式と受賞企業等の活動内容の報告が顧客価値経営フォーラムで行われます。

　日本経営品質賞活動は毎年３月の経営品質賞申請説明会から始まり、翌年の２月の表彰式及び顧客価値経営フォーラムで完結します。ほぼ１年がかりの活動をこれまで20数年にわたり繰り返してきているのです。

第6章

米国国家品質賞受賞企業・
日本経営品質賞受賞企業への
ベンチマーキング事例

1）アメリカの国家品質賞受賞企業のベンチマーキング

　筆者は過去、4回に渡りアメリカ国家品質賞報告会（クエスト会議）に参加し、その後、受賞企業を視察しています。さらに、医療・介護業界の視察で、アメリカへ4回ほど出かけています。

　それぞれのツアーで印象に残った会社をワンポイントで紹介しましょう。

①シャープホスピタル

　サンジェゴのMB賞受賞の病院です。

　訪問して、組織全体の説明を受けた後に、緩和ケアの病棟を視察しましたが、対応していただいた看護師さん方の気配りや病棟の雰囲気が暖かく優しい雰囲気があふれていました。

②トライデント・プレシジョン・マニュファクチャリング社

　200名規模の部品メーカーですが、シックスシグマを実現した品質レベルを達成しています。休日には、社員が一緒になってBBQを開きます。この時は社長が料理番になり社員

をもてなします。社員の母国語が14か国にもわたっていて、母国語に対応した組織運営を実施するとともに、英語教育にも力を入れていました。

③パルズ・サドンサービス

地域限定の安くておいしいバーガーショップチェーン

60マイル圏内に限定してテイクアウト専門店を展開しています。

受注後、22秒でハンバーグを焼き上げ提供するスピード感は驚きです。地域社会への貢献やアルバイトの学生を社会人として教育（スキルとマナーとプライド）をしています。オーナーは「自社は人財育成業」と宣言しています。

④国家品質賞を2度受賞したリッツ・カールトン・ホテル

世界トップレベルのラグジュアリーホテルですが、高級ホテルに見られがちな、慇懃無礼なよそよそしさはなくフレンドリーです。「第2の我が家」がコンセプトであり、顧客のニーズを先回りして実現しようとする姿勢はスタッフ全員にみられます。顧客のわがままにも丁寧に対応して答えようとします。

アメリカのサンフランシスコ、ロスアンゼルス、ニューヨーク（2か所）や我が国の大阪、東京リッツカールトンホテルなどを、家族旅行やベンチマーキングを含め何度となく利用してきましたが、一度も裏切られた経験はなく、宿泊すればするほど、いわゆる「かゆいところに手が届く」サービスを体験できます。

2) 日本経営品質賞受賞企業のベンチマーキング

　国内の日本経営品質賞受賞企業については、受賞年度の報告会（顧客価値経営フォーラム）に、ほぼ毎年参加してきましたので、それなりの情報はありますが、やはり、個人やグループでベンチマーキングした企業は印象深いものがあります。ここでもワンポイントのコメントでご紹介しましょう。

①武蔵野
日本経営品質賞を日本で初めて２度受賞した会社
　ダスキン代理店が本業ですが、この10年余は中小企業を支援する経営サポート事業が成長しているようです。経営の原理原則を堅持しつつ、ビジネスモデルを変革し続けています。小山社長はビジネス書のベストセラー作家としても、つとに有名です。

②千葉夷隅ゴルフクラブ
世界で唯一の経営品質賞を受賞したゴルフクラブ
　千葉県の経営品質関係者を中心としたメンバーで10数年にわたり、毎年２度ほどベンチマーキングゴルフを繰り返してきました。日本経営品質賞制定にもかかわってきた企業で、受賞後もコツコツと改善を続け、年々顧客満足度を向上させて続けています。

③万協製薬
医薬品生産の中小企業
　神戸で関西の大震災に遭って、大変苦労をして、三重県で

会社を再建し、経営品質賞を2度受賞するなど経営革新活動を日常化しています。トップが独自のライフスタイルを追求していることに合わせて、独自の企業風土を創り上げています。

④福井キヤノン事務機販売

福井県のキヤノン複写機販売企業

　独特のサービス体制を築き上げて高い顧客満足を実現しています。最近はIT事業にも進出し、顧客企業のソリューションに取り組んでいます。100％地元資本であり、オーナーの会長は福井県経済界の中心人物で、福井県経営品質協会を立ち上げて地域社会の発展に尽くしています。

⑤川越胃腸病院

埼玉県川越市にある病床数40床の中小胃腸科専門病院

　昔は職員の定着率も悪く、評判も良くかった病院を現在の理事長が20年かけて、看護師退職率0％、患者満足度日本一にしました。現場を訪問してみると、職員満足度が大変高ことがロビーに入った瞬間にわかります。病院全体が暖かく優しい雰囲気に包まれており、派遣社員を含めて全職員が顧客の方を向いて仕事をしていることが実感できます。

⑥エプソン画像事業本部

プリンターの生産販売をしている事業本部

　詳細に組み上げられている設計・生産・販売システムを新製品発売早々に、マーケットや顧客の声を収集分析して、開発から販売までのプロセスを見直す制度を動かしている点が優れています。

⑦日本全薬工業

動物薬シェア国内NO.1の会社

　福島県郡山市にあり、東日本大震災に遭いながら、経営品質賞受賞のレベルまで組織成熟度を高めました。医薬品業界に在って研究開発から生産販売までを一貫して自社でハンドリングするという独自のビジネスモデルを構築しています。製販を一枚岩にしたプラットフォームを構築し高い顧客支持を得ています。

⑧ねぎしフードサービス

東京の山手線沿線に限定して牛たん店を展開

　外食業界に有って、アルバイトの40％以上を外国人スタッフが占める店舗で、一流レストランに負けない顧客サービスを実現しています。

⑨リコー

コピー機メーカー

　大企業でありながらリコーグループ全体で受賞しているのは唯一です。コピー機業界にあって、ゼロックス、キャノンとの競争を勝ち抜いています。

⑩ピアズ

ベンチャー企業としてJQAを受賞

　JQAのフレームをベースにして企業を成長進化させてきています。携帯業界をコンサルとしてささえるというユニークなビジネスモデルを構築しています。

⑪福井県済生会病院
済生会グループで唯一のJQA受賞病院

　福井市で医療サービスを提供している大規模病院です。明治天皇の思いを実現した恩賜医療機関で、その理念は確実に引き継がれています。産業界のノウハウやスキルを積極的に取り入れ、人財育成にも熱心な組織です。

⑫長田病院
病床数200余の内科専門病院

　福岡県柳川市にある中堅病院です。病院の正面玄関に入った瞬間に、優しさ、温かさが広がります。アメリカのシャープホスピタル・川越胃腸病院・福井県済生会病院に共通する国籍を超えた素晴らしさを実感できる病院です。

⑬こうほうえん
介護と医療を包括して経営する先進企業

　鳥取県米子市に本部を置き、介護事業からスタートした後、病院を開設し、関東へも進出している業界のリーダー企業です。独自の人財教育システムや地域貢献活動に優れた取り組みが見られます。

⑭西精工
部品のナット（ファインパーツ）を生産する中堅企業

　徳島市で国内生産にこだわりを持って事業展開をしています。4代目の現社長が経営を引き継いだ時はいわゆる古い体質を持った部品メーカーでしたが、理念やビジョン、方針の大切さを社内に浸透させ、共感する感性を持った社員へと成

長させたことで製品の品質も生産性も向上させることを実現
しました。製造業でありながら、毎朝の朝礼は、勤務時間内
で60分以上をかけています。

第7章

日本経営品質賞アセスメント基準書を解読する

この章では、何度も出てきた「日本経営品質賞アセスメント基準書」を解読しましょう。

1) 日本経営品質賞アセスメント基準書は1996年に初版発行

「日本経営品質賞アセスメント基準書」は1996年に第1版が発行されました。当初は「日本経営品質賞審査基準書」というタイトルでしたが、現在では「日本経営品質賞アセスメント基準書」として発行されています。日本経営品質賞アセスメント基準書は、毎年その年度版として改定版が発行されています。年度によって、大幅な改定が行われることもありますが、2021年度版はここ数年の内容と変更はない状態で発行されています。

かって、日本経営品質賞を受賞された企業のトップが、受賞報告会（現在は顧客価値経営フォーラムとなっている）での講演で「日本経営品質賞アセスメント基準書は経営のバイブルである」と発言されたことがありますが、全くの同感です。

日本経営品質賞アセスメント基準書は、経営の原理原則が組み込まれていることは当然ですが、適宜、最新の経営理論が選択的に組み込まれています。したがって、日本経営品質賞アセ

スメント基準書に基づく経営改善を進めると必然的に最先端の優秀な組織（強靱な組織）になっていくと言えるのです。しかし、基準書内には、具体的な経営ノウハウや経営ツールの記述はありません。これは企業によって経営の仕組みが異なり有効な経営方法も異なることから、基準書に具体的な方法論や経営ツールを記述することで、各企業の改善活動の足かせにならない様にするという配慮かと推察しています。

なお、日本経営品質賞アセスメント基準書は、

①基本理念

②重視する考え方

③組織プロフィールとカテゴリー

④評点ガイドライン、

で、構成されています。

2）日本経営品質賞アセスメント基準書の機能

日本経営品質賞アセスメント基準書は、日本経営品質協議会認定セルフアセッサーや日本経営品質賞審査員が組織の現状（成熟度や強み、改善領域など）を評価（アセスメント）するためのツールです。同時に、経営品質を向上させようと考えている組織は、アセスメント基準に求められている項目を使って、自社の現状を記述し、自社内でセルフアセスメントを実施することで、自組織の成熟度や強み・改善領域を明らかにすることができます。さらに、組織としてステップアップするポイントを明らかにできるツールでもあります。取り組みの始めに、素直に基準書の求めている質問に答えていくことが大事です。多くの企業は、基準書が求めている組織プロフィールや各

カテゴリーの要求に応えられないことに、愕然とします。しかし、そこから改善活動がスタートするのです。

3) 日本経営品質賞の構造

　日本経営品質賞アセスメント基準の要点を構造化してみましょう。

　日本経営品質賞アセスメント基準書で詳細内容をぜひ確認してほしいですが、ここでは概略の説明を試みます。

(1) 基本理念（2021年度日本経営品質賞アセスメント基準書 3–4ページ参照）

　「基本理念」とは日本経営品質賞が活動の基本に置いている価値観です。

①顧客本位	②独自能力
③社員重視	④社会との調和

①顧客本位

　組織の目的は顧客価値の創造です。価値の基準を顧客からの評価に置きます。売上、利益は顧客への価値提供の結果であるということが大前提です。

②独自能力

　同質的な競争を避け、競争優位性を確保するには、独自能力の追求が重要です。自分たちの組織の独自の見方、考え方、方法による価値実現を目指します。顧客価値を高めるためには、競合する組織とは異なる競争軸、独創的な価値提供、長期的な

全体最適の経営を重視します。

③社員重視

　社員一人ひとりを大切にし、社員のやる気と能力を引き出すことが重要です。社員は組織において最も大切な経営資源です。顧客価値を創造するためには、社員一人ひとりが顧客の視点に立って仕事を行い、チーム力を発揮することで組織として顧客価値の創造に取り組むことが求められます。

④社会との調和

　社会に貢献し、調和することが重要です。組織は社会を構成する一員であるという考え方にもとづいて、あらゆる組織は、社会に対して価値を提供し、社会から信頼される存在になることを目指します。社会との調和とは、自組織の価値観にもとづく社員の思考・行動、市場での競争の戦い方などが、社会的な価値観にも合致していることです。

(2) 重視する考え方（同、4-10ページ参照）

　「重視する考え方」とは経営品質向上活動に取り組む組織が重視すべき考え方をまとめたものです。

コンセプトを考える	①コンセプト	②変革	③価値提供
創発の場をつくる	④プロセス	⑤創発	⑥対話
戦略を構築する	⑦戦略思考	⑧ブランド	⑨イノベーション

　2021年度は重視する考え方を9つに整理しています。以下、概要です。

　この9つの重視する考え方1つひとつを取り上げて、会社の

現状を把握してみることをお薦めします。

①コンセプト

　どのような経営をするのか、どのような商品やサービスを生み出すかという「構想」をコンセプトと表現します。コンセプトを明らかにすることにより、組織の価値観や意図、事業の方向性や商品・サービスの性格などが明確になってきます。

②変革

　ここでの変革は、組織や自らを変えるという意味に使っています。社会や顧客は絶えず変化しています。これらの変化に対応するためには、絶えず変化し続けることが必要です。自己変革ができているか、絶えず変化しているかを振り返ってみましょう。

③価値前提

　自組織が顧客に提供する価値を明確にし、それに基づいて考え、行動することを価値前提といいます。価値観に基づく判断ができることで組織行動の全体最適化が可能となります。この判断軸が明確化されていないと、組織は目先の出来事にとらわれ、短期的、部分最適化した行動に陥る恐れがあります。これを事実前提の経営といいます。経営品質向上の活動は価値前提の経営を目指しています。

④プロセス

　経営品質向上活動では、プロセスを重視しています。プロセスには過程や道筋、組織の活性度といった考えか含まれていま

す。組織内の様々な職務や意思決定をプロセスとしてとらえることで効率化、差別化、独自化に向かった革新が生まれます。

⑤創発

　経営の組織力を高めるという視点から組織のイノベーション能力は大切ですが、これに欠かせないのが創発という考え方です。創発とは、予想と違って偶発的なアイディアや根本的な解決策が生まれることを言います。創発が起こりやすい組織文化や風土ができているか、どうすればそのような組織文化や風土が生まれるかを考えることが重要です。

⑥対話

　対話の質は組織の質と考えられます。対話の良さが組織変革を進めると言っても良いでしょう。また、対話に参加するメンバーの思考力も大切です。考える力や対話力、これらを良くするスキルを学び、組織全体で対話の質を向上させる必要があります。

⑦戦略思考

　戦略思考とは、何が最も重要なことなのかを明確にすることを意味しています。その重要なことを基本方針として組織内に徹底し、戦略を実践していくことが大切です。戦略思考により、業界常識や習慣的思考から抜け出し革新的なモデル構築が可能となります。

⑧ブランド

　組織や商品・サービスが顧客から支持され、長期的に記憶さ

れることで繰り返し利用してもらわれることになります。その
ためにはブランドを確立する必要があります。ブランドを確立
するためには、顧客からすぐに分かってもらえる識別性と提供
している価値を分かってもらえる信頼性の両面が浸透できてい
るかを明らかにすることが必要です。

⑨イノベーション
　社会や顧客の変化に適応していくためには、変革に加え、イ
ノベーションが必要となります。イノベーションは多様な面で
生まれる可能性があります。商品やサービスだけではなく、
マーケティングや様々なプロセス、思考方法などのイノベー
ションも起こっています。イノベーション志向の組織を実現す
ることが必要です。

（3）組織プロフィールとカテゴリー（同、11‒54ページ参照）
　組織の現状を把握する時に、最初に取り組むのは会社の価値
観や経営環境、経営資源、戦略課題などを明らかにする必要が
あります。このことを「組織プロフィール」は求めています。

①「組織プロフィール」とは、組織の基本情報を整理するための
枠組みです。同時に戦略を考えるための枠組みでもあります。
　次ページの図のマンダラの中心に示したように、組織プロ
フィールは、
　1．理想的な姿
　2．現状認識と環境変化
　（1）商品・サービス
　（2）顧客・市場

（3）競争環境

（4）経営資源

3．変革のための戦略課題

で、構成されています。

これは、組織目標を定義し、現状分析と将来予測を踏まえて、今後の戦略課題を明らかにするという戦略思考の基本的流れになっています。

②「カテゴリー」とは組織プロフィールに掲げた理想の姿を実現し、戦略課題を達成するために、組織が取り組む活動とその成果を8つに区分したものです。

組織プロフィールもそうですが、8つのカテゴリーは、業種や経営規模に関係なくほぼすべての組織に当てはまる構成になっています。

4. 組織能力（100） 4.1 組織の能力向上（60） 4.2 個人の能力向上（40）	5. 顧客・市場の理解 （100） 5.1 顧客・市場理解のプロセス（50） 5.2 顧客の声への対応 （50）	6. 価値創造プロセス（100） 6.1 主要な価値創造プロセス（70） 6.2 支援プロセス（30）
3. 戦略計画（50） 3.1 戦略の策定プロセス （30） 3.2 戦略の展開プロセス （20）	＊組織プロフィール 1. 理想的な姿 2. 現状認識と環境変化 （1）商品・サービス （2）顧客・市場 （3）競争環境 （4）経営資源 3. 変革のための戦略課題	7. 活動結果（450） 7.1 リーダーシップと社会的責任の結果（70） 7.2 組織能力の結果（80） 7.3 顧客・市場への価値創造プロセスの結果 （100） 7.4 事業成果（200）
2. 社会的責任（50） 2.1 社会的責任に関する取り組み（50）	1. リーダーシップ（100） 1.1 リーダーシップ （100）	8. 振り返りと学習（50） 8.1 振り返りと学習のプロセス（50）

8つのカテゴリーには、それぞれ点数が配点されています。例えば、カテゴリー1のリーダーシップは100点です。そのカテゴリーを評価（アセスメント）した場合に成熟度（下記）に応じた点数が決まります。全体で1000点満点になっています。

ちなみに、アメリカのMBAフレームワークも提示しました。

アメリカのカテゴリー7つです。日本はカテゴリーを8つにして、カテゴリー8で振り返りと学習のカテゴリーが独立していますが、アメリカのカテゴリーでは振り返りがそれぞれのカテゴリーに含まれています。

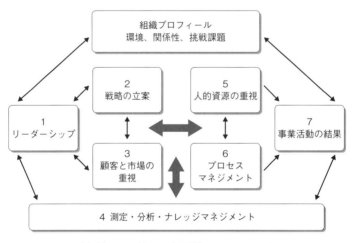

（参考）BMA（米国国家品質賞フレームワーク）

（4）評点ガイドライン（同、56〜63ページ参照）

「成熟度モデル」

組織の経営品質の向上段階を6段階（D〜AAA）に区分し、経営の現状を評価します。これを成熟度モデルといいます。成

熟度モデルとは、組織の改善・革新の方向性を認識するために、未成熟な組織と成熟した組織を比較し、組織の状態がどのように違うのかを明らかにしたものです。

　アセスメントによって、現状の成熟度を明らかにし、段階的に組織の成熟度を１ランプアップさせていくことを目標として改善・革新を重ねていくことで、より高い成熟度の状態を目指していけるのです。

組織を成熟させる

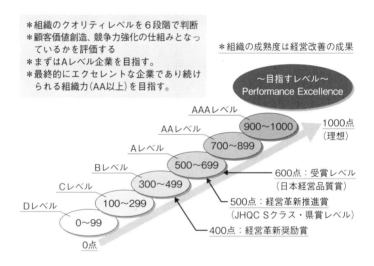

＊組織のクオリティレベルを６段階で判断
＊顧客価値創造、競争力強化の仕組みとなっているかを評価する
＊まずはAレベル企業を目指す。
＊最終的にエクセレントな企業であり続けられる組織力（AA以上）を目指す。

＊組織の成熟度は経営改善の成果

〜目指すレベル〜
Performance Excellence

AAAレベル　900〜1000　1000点（理想）
AAレベル　700〜899
Aレベル　500〜699
Bレベル　300〜499
Cレベル　100〜299
Dレベル　0〜99
0点

600点：受賞レベル（日本経営品質賞）
500点：経営革新推進賞（JHQC Sクラス・県賞レベル）
400点：経営革新奨励賞

各カテゴリーの成熟度のレベルを活動の合目的性・体系化・展開度・カテゴリー間の関係でみる見方がありますが、次ページの図は参照です。

MB賞（米国）・JQA（日本）成熟度モデル（プロセスの成熟度）

レベル（JQAの例）	状態（概要）
D（0〜99点）	改善に向けた取り組みが見られない
C（100〜299）	過去の枠組みの中での改善行動
B（300〜499）	過去の枠組みにもとづく改善から革新へ向かい始めている
A（500〜699）	求める価値を戦略的に考え、行動している
AA（700〜899）	組織全体で学習することにより、大きな価値を生み出している
AAA（900〜1000）	革新軌道に乗って最高の成果を出し続けている

注）JQAではプロセスの成熟度と結果のレベルを評価し、合計得点で組織全体の成熟度を把握している。

キーワードで見る成熟度の違い（参考）

低い　　　　　　　　　　成熟度が　　　　　　　　　　高い

	C	B	A	AA
合目的	抽象的 一般的	一貫性 目標設定	時間軸 競合比較 外部情報	新たな評価尺度 最高水準 独創的方法
展開	部門ごと 整合性なし	部門間協力 の醸成	部門間協力 の構築	自律的部門連携 組織外との共有
革新	過去の枠組み 後追い対応	課題の認識 再発防止	独自の課題解決 再発防止の 日常化	将来への洞察 未然防止

※D、AAAレベルは省略。

第 8 章

経営品質向上活動を
成功させるコツ

　前章で見てきましたように、日本経営品質賞アセスメント基準書で提示している内容を丹念に精査し、自社の現状を組織プロフィールと各アセスメント項目に合わせて記述することで、組織の改善課題が発見できるようになっています。さらに、記述した内容をアセスメントすることで、自社の成熟度が明らかになり、改善方向が確定します。

　筆者は長年にわたり経営品質賞の審査を担当し、経営顧問先でこの基準書を活用した組織改革活動を支援してきました。さらにその間に、経営学修士（MBA）を取得し、私立大学の経営学部や、大学院でも教えてきました。
　様々な経営理論や経営ツールが世の中に存在しますが、組織全体を俯瞰して改善、改革の課題を抽出できるツールとして、この日本経営品質賞アセスメント基準書の右に出るものは存在しないのではないかと考えています。

　しかし、組織全体を変革していくことは簡単ではありません。筆者の経験を踏まえて、組織改革を成功させるコツをまとめておきましょう。

1）成功の5か条

　組織改革を成功させるポイントが5つあります。

①トップ経営者の決意と旗振り

　トップ以下が足並みをそろえることと、取り組む意義を常に話、共有することです。

　経営トップが関心を示さなくなるとどのような活動もしりすぼみになります。

②経営品質向上活動とは日常業務の向上活動である。

　経営品質向上活動は、そのスタート時は便宜上、プロジェクト活動や委員会活動で立ち上げますが、成果が出てきた段階では、日常の業務の中に組み込むと良いでしょう。

③プロジェクトや委員会を構成するメンバーの厳選。

　プロジェクトや委員会活動を推進する場合は、やる気と影響力がある人財を集めることが必須条件です。組織変革に共感していないメンバーは組み入れないことです。

④目的とビジョンを常に確認し続けること。

　①でも述べたように経営トップが常に目的とビジョンを語るとともに、プロジェクトや委員会活動の中でも、毎回の会議冒頭などで、確認をとることを習慣化することが大事です。

⑤仕組みと仕掛けを作ってPDCAをしっかり回す。

　組織改革では、まず社内で機能している仕組みやシステムを改善して磨き上げることを第一に取り組みます。しっかりと

PDCAを回しましょう。そのうえで、不足している仕組みやシステムを構築すると良いでしょう。新規に構築した仕組みなどもしっかりとPDCAを回して成熟度を高めましょう。

組織運営は逆さまのピラミッドで

・ピラミッド型の組織運営は19Cの製造業型。
・21Cのサービス産業には不適合。

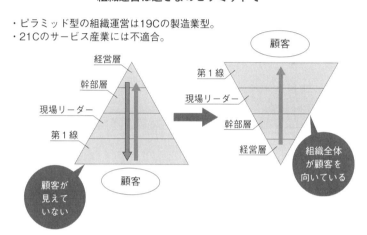

2) 21世紀になって、多くの業界がサービス産業化している

　しかし、我が国の組織はいまだに、上図のピラミッド型の組織運営をしている企業が存在しています。このピラミッド型組織の原型は19世紀末から20世紀初頭にアメリカの量産工場（自動車メーカー・フォード工場）で開発されたマネジメントスタイルです。当時は組織内を管理していれば、うまくいった時代でした。

　21世紀の今では、製造メーカーでも生産要員は10％になったといわれています。現代は90％がサービス（ホワイトカ

ラー）要員であり、組織構成員がすべて顧客の方を向いて仕事することが求められています。業種に関わらず組織運営は、いわゆる「さかさまのピラミッド」型にすることが求められています。

　つまり、顧客本位経営を確立することが21世紀の成功モデルです。

（1）顧客本位経営実現のために、どこから始めるか

　まずは、顧客はだれか。顧客のニーズは何かを明らかにする必要があります。

　顧客インサイトと言われるように顧客の隠された思いを徹底した顧客観察と洞察、表面化して、把握することが求められています。

　さらに、5Sを徹底しましょう。職場を徹底的にきれいに磨き上げることで、社員の意識を一本化させます。

　そして、目的と目標を明確にします。常に目的から考える組織文化を作り上げましょう。

　また、顧客本位経営を実現するための経営改善を計画し、スケジュール化して具体的に進めましょう。目指すのは経営品質賞受賞レベルの強靭な組織創りです。

　全員参加（全員経営）型経営の実現を志向しましょう。組織構成員の納得と共感を得て、参画意欲が高く、モチベーションが高い組織を実現させましょう。

　何はともあれ、組織を変革するのは、繰り返しが必要です。トップの堅い決意とリーダーシップが重要なポイントとなります。

　そのうえで、仕組みづくりと人財育成に取り組みましょう。顧客本位経営の組織運営ができていない場合は、関係する仕組

みが欠落している可能性があります。例えば、顧客インサイトの取り組みがなされていなことがあるとすれば、それを実現する仕組みが必要です。そしてその仕組みを動かすために、必要な人財を作ることです。

　経営品質向上活動は、企業経営の根幹です。したがって、これは「終わりのない経営改革の旅」です。顧客本位経営を実現したら、その仕組みと人財を磨き続け、顧客と時代の変化に適応し続ける経営革新を常態化することです。

　顧客本位経営を実現する組織を成熟させるためには、小さくても良いから、まず1歩踏み出すことから始めましょう。踏み出さなければ何も始まりません。

3）各カテゴリーに有用なノウハウやスキルを紹介する

　日本経営品質賞アセスメント基準書には、経営のノウハウやスキルは一切書かれていません。これは、組織の変革はその組織の歴史や文化、価値観、蓄積されてきた経営のナレッジがあり、世の中の経営理論やノウハウが必ずしもその組織の経営改善に適しているかどうかはわからないからです。

　自分たちが持っている経営の経験値や改善手法を磨き上げることで、組織の経営品質を高めることがベストという考え方があります。しかし、組織に蓄積してきたナレッジがこれからの組織の在り方に必ずしも適合しない場合や、あまり学習組織になっていなくて、遠回りの改善に取り組んでいたり、ピント外れの活動をしている場合も考えられます。

　さらにはそもそも経営の基本的知識が不足している企業も存在しています。筆者も中小から中堅企業の診断で、スキル不足

の組織をたくさん見てきました。

そこで、この章では、経営品質向上活動を通じて強靭な組織を実現するためのヒントとなるノウハウやスキルをカテゴリーごとに紹介しましょう。

自組織には不要なものも含まれている可能性もあることから選択的に学んでほしいと思います。紙面の関係でキーワードの列挙になっていますので、関心がある項目は自ら詳細を学んでください。

（1）強靭な組織を作るうえで有効なツール・ノウハウを整理する

日本経営品質賞フレームワーク（カテゴリー）で、強靭な組織創りに必要なツール・ノウハウをほぼ抜けなく整理していると考えています。

［組織プロフィールに関係するキーワード］
- 企業理念・ミッション・ビジョンの要件と作成プロセス
- 長期・中期・短期の目標設定ノウハウ
- 顧客ニーズ・市場の設定・マーケティングノウハウ
- 競合分析・ベンチマーキング（敵を知り己を知れば百戦危うからず）
- 組織に蓄積しているナレッジ・暗黙知を形式知化する・ナレッジの伝承システム・社内ナレッジの棚卸
- 重要ビジネスパートナーを明確にする・何を協力してもらっているのかを棚卸する
- 戦略課題の設定〜OKR（オブジェクティブ・キー・リザルト）やマンダラなどを利用する

［カテゴリー１（経営幹部のリーダーシップ）］
- リーダーシップの類型の理解
- 理念制定と浸透・定着の方法
- 経営幹部のリーダーシップ力の強化
- コーチングスキル
- 対話能力
- マネジメント力・管理能力の強化
- 価値観の浸透法
- 面談手法
- 経営者の仕事の明確化
- ナレッジマネジメントの理解と活用
- シニアリーダーシップチームの機能強化
- ホワイト企業大賞の判定基準の理解・必要であれば応募
- 日本で一番大切にしたい大賞
- 心価マネジメント（関係者の心の価値をプラスにする）他

［カテゴリー２　社会的責任］
- 社会的責任の定義
- コンプライアンス・企業倫理の基準
- 社会貢献の進め方
- 個人情報保護
- 地球環境の保全活用
- 情報開示
- 法律順守
- 健康経営の導入
- ISO（9000、14000など）の理解
- SDGsの企業としての取り組み

・働き方改革　　　他

［カテゴリー3　戦略計画］
　　・経営方針の立て方
　　・IAT（未来対応型問題解決法）の活用
　　・MBC（ビジネスモデルキャンバス）
　　・BSC（バランススコアカード）
　　・経営計画書の立て方、実行計画の立て方
　　・BCPの策定
　　・マーケティング戦略構築
　　・ブルーオーシャン戦略構築
　　・ランチェスター戦略構築
　　・情報分析手法の理解
　　・競合分析
　　・ベンチマーキング
　　・リスクマッピング、リスク想定
　　・目標管理
　　・日本的価値観の導入（和の戦略など）検討
　　・OKR
　　・FM（フィーチャーマッピング）法の活用
　　・OODA　　　他

［カテゴリー4　組織能力］
　　・研修体系の見直しと研修評価の構築
　　・人財要件の明確化
　　・人財スキルマップ
　　・仕事の教え方の標準化

・働き甲斐のある組織作り
・エンパワーメントの進め方
・社員満足調査・分析
・人事評価と評価者訓練
・部門間連携の進め方
・効果的な会議の進め方
・人財の天賦の才能を生かす（ストレングスファインダーチェック）
・交流分析（エゴグラム）
・MG（マネジメントゲーム）研修の導入
・JQA研修
・エンゲージメントマネジメント導入
・ラフターヨガ研修
・幸福経営導入
・フォトリーディング研修
・リードフォーアクション（RFA読書法）導入
・マインドフルネス導入
・原初音瞑想導入
・自立訓練法研修
・セルフメディテーション
・自己催眠

［カテゴリー5　顧客・市場の理解］
・CSの進め方
・顧客データベース構築
・顧客接点の構築
・ミステリーショッパー

- 苦情・クレーム対応の仕組み
- CS調査・分析
- 顧客対応基準の作成
- 顧客エンゲージメントの向上活動
- マーケティングツールの理解と運用　　　他

［カテゴリー6　価値創造プロセス］
- 現場の品質管理
- 生産性向上
- 標準化の進め方
- 業務マニュアル（作業標準）の作り方
- 現場の改善ノウハウの習得
- 支援部門の意識改革
- 環境整備（5S）の進め方
- サービスマネジメントの定着
- ICT
- ITリテラシー
- 経営情報の体系化
- プロセスマネジメントの確立
- 生産性改善活動
- LEAN（リーン）経営の学習
- 欠陥コストの集計と改善
- ビジネスパートナーとの協働・共創
- プロジェクトマネジメント力の向上
- DX
- リモートワーク構築　　　他

［カテゴリー7　活動結果］

・組織運営に必要な活動指標の設定

・成果指標〜組織に合ったKPIの設定と収集・分析

・結果データの分析

・データから課題を把握する手法の学習

・指標の体系

・いい会社の100の経営指標の検討

・統計手法の向上

・図表・グラフの描き方の研修　　　他

［カテゴリー8　振り返りと学習］

・結果からPDCAを回す取り組みの確立

・改善計画の作り方

・改善進捗の管理

・組織全体を振り返るプロセスの構築

・SDCA・PDCAの仕組み作り（SDCAのSはスタンダード、標準）

・結果データの解析

・改善プロジェクトの結成と改善活動　　　他

　ここでは、各カテゴリーに関わるノウハウやスキル、考え方、ツールを列挙しました。ページの関係で詳しい解説は省略しますが、気になる項目がありましたら、関係図書やWEB検索をしてください。

第9章

日本経営品質賞受賞企業の紹介

　日本経営品質賞の審査・表彰制度は1996年にスタートし、毎年１〜３社が受賞しています。2020年度はコロナ禍にありながら４社の受賞企業が出ました。３蜜の回避が言われる困難な環境の中での審査であったと思われますが、応募企業・審査員の皆さんの奮闘に敬意を表したいと思います。

　ちなみに筆者は1997年から最近まで経営品質賞審査員を勤めてきましたし、顧問先（経営支援先）の経営品質向上活動の支援を行ってきました。筆者が主催する経営進化塾の参加企業や支援先で日本経営品質賞や経営革新推進賞などを受賞する企業も生まれています。

　日本経営品質賞の受賞企業は1996年から2020年までで、全体で約50社ほどが受賞している国内最高レベルの経営に関わる賞です。

　そこで、ここでは経営品質協議会のHPに公表されている受賞企業データを一部編集して紹介します。日本経営品質賞受賞企業に限定していますが、近年は経営革新推進賞や経営革新奨励賞という経営品質賞に次ぐ賞もあります。

　前の章で筆者がベンチマーキングなどで訪問した受賞企業にワンポイントコメントをつけて紹介しましたが、ここでは経営品質協議会の公式な受賞企業紹介をリストアップしました。

受賞理由や企業の特徴、全社的な強みなどは協議会の公式コメントです。

全ての企業を紹介することは出来ませんので、最新の2020年度から11年間さかのぼり、2010年までの17社の受賞企業を取り上げました。より詳しくは協議会のHPで確認してください。

受賞年度順ではなく、業界ごとに並び替えています。筆者がこれまでベンチマーキングや視察、各種の研究会、経営進化塾などで取り上げ研究した受賞企業に限って、各企業の協議会コメントの最後に筆者が一言コメントを加えています。

自社にとって参考になりそうな企業の受賞理由や強みを研究して、改善の参考やベンチマークにすることをお薦めします。

1）製造業（部品・薬品）

①2013年度日本経営品質賞中小規模部門受賞

西精工株式会社 （筆者注記：国内の自動車産業などの顧客が海外へ展開しており、部品メーカーも多くが追随して海外展開をする中にあって、当社は国内工場を死守しつつ、新たな事業を開発している）

代表者：代表取締役社長 西 泰宏氏（筆者注記：受賞当時）

沿革・事業内容
〈業　　種〉精密部品製造
〈設　　立〉1923年
〈所在地〉徳島県徳島市
〈売上高〉4,862百万円（2012年7月末）

〈従業員〉239名（2013年10月現在）

特徴

・FPの創造に向け、社員同士の思考と対話を重視した組織づくり
・FPを着実に創造し続ける独自技術力の発揮
・「お役立ち」という顧客価値を起点とした業務プロセスの革新
・MRや係別面接を活用した学習する組織の実現

表彰理由

　西精工株式会社は「ものづくりを通じて、みんなが物心共に豊かになり、人々の幸福・社会の発展に貢献する」という経営理念のもと、「人づくりを起点に徳島から世界へファインパーツ（以降FP）の極みを発信する」という経営ビジョンを実現するために、徳島県に根を張り、国内、国外にビジネスを展開している。冷間鍛造技術と提案活動を核とし、「お役立ち」という顧客価値を提供するために、現状とのギャップを認識し戦略的に活動している。

　朝礼における対話を活用し、創業の精神や経営ビジョンといった価値観や方向性を共有することで、社員の協働と自主性に対する意識が高まり、他部門との協力関係が自律的な相互連携にまで至っている。そして、部課長・経営会議でのMR（マネジメントレビュー）や半期に1度の係別面接など、振り返りのための仕組みや場づくりを数多く実施することで、より高い価値を創るための学習に目が向けられ始めている。

　同社が属する「めねじ」業界は、海外企業との価格競争、主要ユーザーの生産減など、厳しい環境にある。そのなかで、新

たな価値の創造、顧客ニーズ変化への対応、人材の確保・育成による健全な事業成長の実現は、国内の製造業全体に共通する経営課題であり、同社の取組は多くの点でベンチマーキングの対象になり得る。

FPの創造に向け、社員同士の思考と対話を重視した組織づくり

FPを創造するには、社員がFPを理解し、FP創造に向けたアイディア出しや改善が絶えず行われるような組織づくりが不可欠で、経営ビジョンや創業の精神に関する話し合いの場を意図的につくるなど、社員同士の思考と対話を重視している。「フィロソフィー」に書かれたテーマを全員で話し合う「フィロソフィー朝礼」を、毎日全係が50分以上行っており、進め方も各係で独自に工夫している。

また、「ビジョン創生委員会」では若手社員を中心に編成された委員会メンバーが定期的に集まり、対話を重ねて中期ビジョンを策定する。このようにフィロソフィーや経営ビジョンを思考の中心に据えて考え、対話の活性化が図られることが、FP創造のための組織づくりに効果を発揮していることが認められる。

FPを着実に創造し続ける独自技術力の発揮

FPの定義である「高品質、高精度、極小」を実現させるために、FPを創造する工程で必要な製造設備や金型を、メーカーから取り寄せるのではなく、自社で開発する技術力を備えている。自社で製造設備を開発することで、微妙な調整が可能となり、顧客が持つ、より特殊な要望に対応することを実現する。また、機械を大切に扱うという価値観が定着し、機械設備の

オーバーホールも自社で行っている。このことで、機械や設備に関する知識と技術力が更に高まり、新たな設備開発に活かすといった好循環が保たれている。人材面では、「人に教える」、「まわりから尊敬される」ということがマイスターのあるべき姿と定義し、人間力という分野を加味したマイスター制度を運用している。この制度は同業他社にはない独自性のある取り組みといえる。

「お役立ち」という顧客価値を起点とした業務プロセスの革新

　FPを通して「お役立ち」という顧客価値を提供するという考え方が組織内に浸透し、顧客満足度調査チームによる対面でのお客様満足の把握、営業技術者を中心としたVA／VE提案活動など、顧客との対話を増やす取り組みを強化したことで、安定したユーザー同行率や提案率を維持している。その結果、成約率も同業他社より高く、増加傾向にある。また、出張報告書やカスタマイズ表を活用して顧客情報をまとめ、グループウエアで一元管理し、必要に応じて社員が情報を引き出している。更に、新製品に関する情報をレビューし、気になったことをコメントとして書き込むなど、全員が顧客の声に耳を傾けることができる仕組みを構築していることも、革新性が高い。

MRや係別面接を活用した学習する組織の実現

　FP創造のために組織において振り返りの仕組みが定着している。具体的に、月次の目標達成度、目標達成に向けた戦略の有効性確認や、財務上の結果は、月に１度の部課長・経営会議のMR内容が即座に議事録に落とし込まれ、翌朝礼で係長から全社員に咀嚼して報告され、それをもとに各係で振り返りが行

われる。また、係別面接では、半年ごとに活動成果をアピールするために、係内で活動の振り返りを行う。そしてアピールした内容に対して、経営者からフィードバックを受ける仕組みになっている。このように振り返りとフィードバックを継続的に行うことで、係の取り組みは更に工夫され進化している。更に、係別面接により、浮き彫りとなった課題を解決するために、高得点をとった係への自主的なベンチマーキングが行われていることから、社内での自律的な相互連携が図られている。

筆者コメント：筆者が主宰する経営進化塾メンバーとともに、徳島の本社工場を訪問しました。ラガーマンで、元広告代理店社員であった現社長は実家の部品製造メーカーを引き継ぐべく帰郷しました。

　職人気質を色濃く残す製造現場の意識改革と５Ｓの徹底に苦心しましたが、高精度・高機能・極小のファインパーツによる価値創造へとかじを切り、理念経営を追求して現在に至っています。機械加工の部品製造メーカーでありながら、勤務時間内に理念の浸透を目的とした朝礼を毎朝60分以上実施（この間、製造ラインは停止しているが、それでも朝礼をすること事で、生産性も品質も向上しているとのこと）し、社員の意識改革に結び付けています。

②2016年度日本経営品質賞大企業部門受賞

日本全薬工業株式会社（筆者注記：動物用薬品の研究開発・生産・販売）

代表者：代表取締役社長 高野 恵一氏（筆者注記：受賞当時）

沿革・事業内容

〈業　　種〉動物用医薬品製造販売

〈設　　立〉1946年

〈所在地〉福島県郡山市

〈売上高〉28,089百万円（2015年度）

〈従業員〉697名（2016年４月現在、派遣・パートを含む）

特徴

・各部署が連携した直販システムによる「課題解決型営業」の
　推進

・研究開発機能強化とインフラ整備による次世代CC製品の創出

・全社、部署・事業所のセルフアセスメント連動による組織革新

表彰理由

　日本全薬工業株式会社は、コア・コンピタンス（CC）と位
置付けたロングセラーの固形剤「鉱塩」及び顧客とのダイレク
トコミュニケーションによる「直販システム」を基盤とした経
営（CC経営）から、次世代CC経営への進化に向けて取り組ん
でいる。この進化は、犬アトピー性皮膚炎の減感作療法薬「ア
レルミューンHDM」の発売（2014年６月）をはじめとした、
組換えタンパク質製剤等の世界に向けた次世代自社製品群の開
発を基盤としている。

　また、理想実現のため自社の活動を振り返るプロセスに磨き
をかけ、組織活性化や業務プロセスの改善・改革に取り組んで
いる。この結果、毎年実施しているCS調査及びES調査では高
評価を維持し、財務結果の健全性も保っている。

各部署が連携した直販システムによる「課題解決型営業」の推進

　営業担当者が畜産農家や動物病院の現場に直接入り込んで情報を収集し、そこで察知したニーズや困りごとを、例えば中央研究所の検査サービス活用など、営業本部だけでなく、研究開発から生産、物流、さらに本社の支援部署が連携した「直販システム」の中で解決策を検討し、顧客に提案している。これは、卸を介し、MR（医薬情報担当者）活動が中心の業界の中で、独特の活動である。

　また、各事業別に様々な「重要顧客とのコミュニケーションの場」を企画・実施し、親密な関係づくりに取り組んでいる。特に畜産農家や獣医師の技術の向上と交流を目的に、社会貢献として活動している「しゃくなげ会」は、会の運営を支えた長年の貢献に対して会員から厚い信頼が得られたことにより、会員から運営事務局に積極的に話しかけてくるなど、顧客との親密度を高めている。

　さらに、7職種のプロフェッショナル要件を明確にしたプロフェッショナル社員登用制度の導入や、成功事例を社内ネットワークで共有し、優秀な事例を表彰するなどの一連の取り組みは、社員の動機づけとなっており、「課題解決型営業」の質的向上に寄与している。

研究開発機能強化とインフラ整備による次世代CC製品の創出

　「アレルミューンHDM」を含む次世代CC製品の研究開発においては、4つの考え方と3つの重点領域のマトリクスによって価格競争に陥らない独自のテーマを設定し、研究開発本部、生産部、国際本部、事業開発室が連携して新薬創出に取り組んでいる。また、大学と研究所との産学共同研究、ベンチャー企

業と国際本部の共同研究など社外連携にも取り組んでいる。

　また、収益を確保しながら、研修管理棟（2013年竣工）、三極対応GMPに準拠した第三工場（2014年竣工）に続き、品質管理棟の新設も計画するなど、次世代CC製品の創出及び国内外の販売展開を見据えたインフラ整備に積極的に取り組んでいる。第三工場ではグローバルなGMP体制のソフト整備も進め、次世代CC製品への対応強化に取り組んでいる。

全社、部署・事業所のセルフアセスメント連動による組織革新

　組織状態を振り返って経営課題を探る目的で行うセルフアセスメントを、全社視点と部署視点の２通りで実施している。2008年度から毎年実施している全社単位のセルフアセスメントは、全社としての強みと改善課題を抽出し、全社で共有している。戦略策定プロセスでは、これらの結果を重要な材料として位置付けて、次年度戦略を策定し、各部署、事業所の業務計画に展開している。

　一方で、全社員が戦略に参画する体制をさらに強化するため、2015年度から部署・事業所単位のセルフアセスメントも導入し、全社単位のセルフアセスメントの体験者中心に、各組織固有の問題点や課題を顕在化させている。この２つのアセスメントにより、全社視点と部門視点を兼ね備えた振り返りプロセスの制度が向上し、長年の継続したセルフアセスメントの実施により、その力量も向上している。

　筆者コメント：多摩大学の研究会メンバーと訪問しました。当社は東日本大震災で、本社棟や工場、倉庫が甚大な被害を受けましたが、これを機会に福島県郡山市の小高い丘の上で森に囲

まれている立地を生かして新たな本社機能の建物を木材をふんだんに使い、緑の環境と調和した研修棟（本社機能を含む）を新築しています。

当社は創業当初の経営が厳しい時代に従業員の協力で乗り越えてきたという原体験があり、それを記念する銅像が本社の一角に設置されています。そのようなこともあって、創業以来、リストラは一度もなく、大家族主義の経営で優れた組織を実現しています。

動物薬の生産販売会社ですが、競合企業と異なり、研究開発から生産販売、納品物流までを一貫したシステムで運営しているところが、特徴であり強みであると見られます。

③2017年度日本経営品質賞中小企業部門受賞

万協製薬株式会社（筆者注記：当社は日本経営品質賞を２回受賞している企業３社の１社です。）
代表者：代表取締役社長 松浦 信男氏（筆者注記：受賞当時）

沿革・事業内容
〈業　種〉医薬品製剤業
〈設　立〉1960年３月
〈所在地〉三重県多気郡多気町仁田725-1
〈売上高〉3,249百万円（2016年度）
〈従業員〉167名（2017年11月現在、派遣・パートを含む）

特徴
・スキンケアから医薬への事業変革に成功
・重要顧客からパートナー評価１位と評価される顧客対応力

・厳格な国際基準へのいち早い対応による信頼獲得
・人の成長と組織づくりのための独自アプローチ

表彰理由

　国際分業が進み国際的な要求やルールによる制約を受ける中でも大手顧客と対等な関係でものづくりを行い、事業を成長させてきた同社の長年の取り組みは、同様な状況にある中小企業にとって希望となり有効なプラクティスとなりえると考える。

スキンケアから医薬への事業変革に成功

　万協製薬株式会社は医薬品から化粧品までスキンケア分野の受託製造ビジネスモデルにより経営革新を行い、2009年に日本経営品質賞を受賞している。その際には、スキンケア分野で、医薬品並みの品質で化粧品を製造することが大きな強みになっていた。

　しかしその後、医薬品の国際的な供給化や国内薬事法厳格化といった環境変化により中小の製薬会社が苦境に立つ中で、同社は一般用医薬品・医療用医薬品を主とする事業スタイルへと変革を進める。その結果、前回受賞時2009年には売上高15.7億円、人員88名、２工場だったものが、2016年は売上高32.5億円、人員167名、３工場へとほぼ２倍に事業規模を拡大している。その間、受託製造品や自主開発品は微増で、大きく伸ばしたのは共同開発の医薬品、特に一般医薬品（OTC；Over The Counter）で、1.7億円から8.5億円へと売上高を５倍に伸ばしている。いまや売上高の90％を医薬品（残りの10％が化粧品）が占めるまでになり、事業スタイルを変革している。

重要顧客からパートナー評価１位と評価される顧客対応力

　これは、同社が、顧客との共同開発からその製造（調合・充填・包装）までを一貫して担当することで、顧客の要望を幅広く実現することに成功したことを意味している。ここでいう開発とは、創薬のことではなく、薬剤の改良や製造技術、使用形状、容器等の開発といった商品開発のことである。

　同社は、開発および製造（調合・充填・包装）をすべて自社内で行い、開発や製造、品質管理の実働部隊が直接お客様に対応する全社営業で、外用薬に特化した知見の蓄積を生かして、例えば、薬剤増量化といった顧客製品企画を製造工程のコストダウンで吸収し実現するという柔軟な問題解決発想、各社ごとに違う生産希望時期をフォーキャストで管理、様々な設備を直結できるように改造、さらに絶えず改良し続ける改善活動が恒常化している。

　その結果2016年には年間62品目の新製品を販売可能（許可・承認）にし（外用薬競合他社は数品目〜10品目程度）、重要顧客からパートナー評価１位と評価されている。

厳格な国際基準へのいち早い対応による信頼獲得

　もう一つの要因はPIC/SGMP対応である。医薬品等については、各国が品質管理基準GMP（Good Manufacturing Practice）を定めていて、日本ではGMP省令（J-GMP）と呼ばれる。これに対してGMPの世界標準を目指して、国家代表者会議であるPharmaceutical Inspection Convention（PIC）と当局機関の組織であるPharmaceutical Inspection Co-operation Scheme（PICS）の統合グループ（PIC/S）が定めたPIC/SGMPがある。GMP省令と比べPICSGMPは適用範囲が流通等を含んでいて広

く、管理が厳密（不適合品の隔離、作業や情報管理の妥当性確認等）で、経営者の経営責任などが求められている。

　日本は2014年にPIC/SGMPに加盟したが（同年で加盟43カ国）、まだガイドラインで、国内ではGMP省令を法的適用している。しかし同社は、一般用医薬品・医療用医薬品に軸足を移す際に、国際的な顧客要求に応えるべくPIC/SGMP対応の社内体制を整えた。PIC/SGMPは顧客と社内の共通言語となり、コンペや監査の際の顧客対話で得た顧客ニーズの先取り投資で2014年にはPIC/SGMP対応のステロイド製剤専用工場（第3工場）を作り、それが製造仕様化の高い能力とともに、海外大手製薬企業からも認められて、大量受注につながった。

人の成長と組織づくりのための独自アプローチ

　こうしたことを可能にしたのは、同社が人の成長こそ会社の使命と考え、11年かけて行ってきた経営品質の考えに基づいた人と組織作りの実践だった。例えば同社では、2009年頃から、現場のものづくり視点で各工程や業務の中で作業として一区切りにできる作業単位を「モジュール」と呼び、その内容をモジュール作業手順書（SOP）として規定・管理している。

　逸脱や不具合があればGMP課（PIC/SGMPの推進部門）立ち合いで、SOPを検証・修正し、教育や適用がされるというPDCAが回っている。このモジュールを使って、各モジュールで見習いから指導者までのレベル分けと点数化を行い、モジュール講習会等でレベル向上が図られる。各モジュールの習得は他工程の応援を可能にするだけでなく、充填⇔包装間といった課を超えたジョブ・ローテーションも可能にし、2008年には29.8％だったジョブ・ローテーション率が、2016年に

は40.2％に向上している。

　こうして、モジュールは個人の目標やキャリア・パスにも活用され、また社員同士が業務をシェアできるようになったことで、子育てや家庭事情への対応も可能になり、各人のやりがいとワーク・ライフ・バランスに配慮した安心感と組織への信頼感を高めている。

　またプチコミファミリー制度などの部署や業務を超えた交流の場や、各種のリーダー制度や女性役職者の登用により、垣根のない多様な対話と相互学習が進み、ジョブ・ローテーションによる人員配置の適正化、複雑で高度な製薬作業の維持といった運用ができている。

　このような人づくりと組織づくりを通して更に社員の思考と行動の質が高まり、組織自らが学習を進めるという好循環を生んでおり、これがPIC/SGMPによる品質向上や全社として顧客ニーズに柔軟に対応する共創型の開発・製造の実現の源泉となっている。

筆者コメント：当社が１回目の経営品質賞を受賞した時に、千葉県経営品質協議会主催のベンチマーキングツアーに同行して、視察することができました。当社の創業地は神戸市ですが、1995年１月17日の阪神・淡路大震災で、会社は壊滅し、倒産に追い込まれました。

　創業者の息子である現社長が負債も含めて引き継ぎ、三重県多気町に移転してきました。マイナスからの再建で、大変な苦労をされたようです。医薬品製造メーカーですから、当然と言えますが、製造現場の5Sは徹底させています。戦略の特徴は投資した設備の稼働率を可能な限り低く抑えていることです。

これはOEMをビジネスモデルとして構築している当社の強みと言えます。つまり、顧客からの飛び込み注文があってもすぐに対応できる体制を構築しているのです。

④2018年度日本経営品質賞中小企業部門受賞

株式会社九州タブチ

代表者：代表取締役社長 鶴ヶ野 未央氏（筆者注記：受賞時）

沿革・事業内容

〈業　　種〉一般機械器具製造業（給水システム関連商品の開発・製造）

〈設　　立〉1970年

〈所在地〉鹿児島県霧島市

〈売上高〉41億円

〈従業員〉162名（男122名・女40名）

特徴

- 給水装置のパイオニアTBCグループを支えるものづくり機能会社
- 危機を契機にTPSと経営品質向上活動に取り組み、さらに独自活動へと昇華
- TPI活動でのビジネスパートナーとの相互連携と、次世代リーダーの育成
- 工場見学者や水道工事現場へのインサイトによる新たなニーズの発見
- 人と組織の飛躍的な成長を図るための基盤づくり

給水装置のパイオニアTBCグループを支えるものづくり機能会社

　株式会社九州タブチ（以下、九州タブチ）は、サドル分水栓・水道用継手などの給水装置のパイオニアである株式会社タブチ（大阪市）の子会社で、1970年に設立された。TBC（タブチ）グループの生産の大半を担い、鹿児島県霧島市に本拠を構え、鋳物部品製作を行う上野原テクノパーク工場と、製作された鋳物部品の加工・組立を行う霧島工場の2工場体制で運営しており、止水栓やサドル分水栓、メーターユニット、逆流防止弁、各種水道用継手、水栓コンセント（洗濯機用給水栓他）など、多種多様な製品のものづくりを行っている製造機能会社。

危機を契機にTPSと経営品質向上活動に取り組み、さらに独自活動へと昇華

　九州タブチの経営革新の大きな転機となったのは、1997年に行われた消費税率変更で、急激に市場環境が変化したことに対応できず、苦肉の策として人員整理にも踏み切った。

　その時にトヨタ生産方式（TPS）の基本、考え方を学び、作業改善をスタートするのと同じタイミングで経営品質向上活動にも出会い、「人の成長なくして企業の成長なし」という『ありたい姿』と、「お客様への価値創造No.1」「ものづくりで業界トップクラス」「キラリと光る地域貢献No.1」の3つのゴールを目指す『なりたい姿』を定め、これらをもとに戦略課題を設定し、経営革新を推進してきた。

　初期の段階ではTPS導入によって個々の作業の改善は進んだものの、TPSをそのまま導入しても業界特有の問題は解決せ

ず、経営全体で効果を発揮するために、九州タブチでは、「自働化」と「ジャスト・イン・タイム（JIT）」に代表されるTPSの「魂部分」を残してほかは捨て去り、社員一人ひとりの「創意工夫提案活動」とチームでの「自主研活動」による改善（TPI：Tabuchi Productive Improvement活動）によって、工程設計→生産準備活動→鋳造→機械加工→検査→組立の価値創造プロセスを磨きあげて、九州タブチ独自の一気通貫生産方式を構築し、品質クレーム・不適合件数を継続的に半減させながら、2015年からは受注組立品の当日出荷を実施するなどの納期改善や、コストダウン・生産性改善に成果を生みつつある。

TPI活動でのビジネスパートナーとの相互連携と、次世代リーダーの育成

　TPI活動は、ビジネスパートナーである中子の成型業者STシステムや組立準備の委託先である障碍者の授産施設タブチメイト（TM）にも対象を広げた展開が図られ、ビジネスパートナーとの相互連携を常態化させて生産現場での「プロセスイノベーション」の起点となっている。

　ビジネスパートナーでの活動成果として、STシステムでは、JIT（2時間納品）の納期遵守率99％以上が約14年間続き、TMに対しては、授産施設の作業のやりにくさを現地で調査・確認を繰り返すことで、施設の作業者から感謝の声を数多くいただくことになり、ビジネスパートナーが九州タブチにとっても一気通貫生産方式での通常戦力化を果たしている。

　また、自主研活動でのリーダー経験者たちは、毎年年初に開催される「クレマチス価値共有会」に参加して、自主研活動を進める中で得られた知見をもとに、現場での課題を自らの問題

として提言し、課題解決を図るための革新計画を自分たちで検討するなど、現場発の戦略形成が行われている。こうしたプロセスを通じて、鶴ヶ野社長を始めとした現経営幹部の後継人財となる次世代リーダーが育ちつつある。

工場見学者や水道工事現場へのインサイトによる新たなニーズの発見

　九州タブチにとってタブチは親会社であり、最も重要な「第一のお客様」に位置づけられる。そうしたことから、タブチ営業部門を対象とした顧客満足度アンケートを毎年実施して、TBCグループのマーケティング活動の阻害要因を探究して戦略的に生産活動の改善を進めるとともに、タブチの営業部門と連携して、水道事業体や水道管材店・水道工事店などの顧客を工場見学に招待して、「工場のショールーム化」というホールプロダクトの概念を共有して、その価値を高める協働を進めている。

　また、地元霧島市の水道部に「給水装置工事主任技術者」を2年間2名を派遣して、第二・第三のお客様の工事現場にも理解を深めている。こうした見学者のニーズを洞察する活動等によるプロダクトイノベーション活動の中で、ロストワックス工法によるステンレス鋳造製品の試作に取り組み、国内同業他社が4か月かかるところを1か月で納入して、量産品の受注につなげている。

人と組織の飛躍的な成長を図るための基盤づくり

　「人の成長なくして企業の成長なし」という『ありたい姿』と「お客様への価値創造No.1」「ものづくりで業界トップクラス」「キラリと光る地域貢献No.1」の3つのゴールを目指す

『なりたい姿』を両輪に、九州タブチではTPI活動、中でも自主研活動を全ての中核において、人財育成と経営革新をスパイラルアップしてきた。

こうした取り組みの中から、前述したように、自主自立した社員が育ち、また、その中から次世代を担うリーダーが表出しつつある。また、クレマチス価値共有会では、そうした次世代を担うリーダーが、例えば「女性が活躍する鋳物工場」というような世の中に存在しない新しい工場コンセプトを具現化しようと、現場発の経営戦略が形成されつつある。

一方、2015年に不幸にして発生した労災事故に対しても、尊い命・つらい経験から学び、リスクアセスメント手法（OHSAS18001）の適用範囲を機械故障などの非定常業務にまで広げ、全社的な労災事故の未然防止を図ってきた。また、障碍者が活躍する場づくりを行うとともに、就労人口の減少という地元鹿児島県が抱える喫緊の課題に対しても、鹿児島県高専テクノクラブ、鹿児島県経営品質協議会などの会員企業や地域の7福祉施設など組織外とも共有して「一人ひとりができることを支援する」という考え方で、様々な社会貢献活動にも取り組んでいる。

⑤2020年度製造業（中小企業部門）

日鉄工材株式会社

代表者：宮原 光雄氏　（筆者注記：受賞時）

沿革・事業内容

〈業　　種〉金属加工

〈設　　立〉1947年

〈所在地〉新潟県上越市

〈売上高〉47.7億円、経常利益9.1億円（2019年度）
〈従業員〉118名

全体的な強み

【顧客の成長戦略と自社の取り組みを親和させる「顧客成長戦略親和」】

【画期的な製品を生み出す「ベストマッチ製品開発と高生産性一貫管理」】

【組織風土の変革による社員と組織の良好な関係性】

表彰理由

〈特徴・成果〉

- 電気自動車やスマートフォン等の最先端機器に使用される電解銅箔の製造設備であるチタン製電着ドラムのトップメーカー。国内シェア100％（年間販売本数）、世界シェア約70％（累計販売本数、同社推定）。日本製鉄株式会社の子会社（同社発行済株式総数の72％を所有）。

- リーマン・ショック等の影響により2009年に赤字転落後、主要事業の一つから撤退するなど、経営危機に陥っていた2012年に石川前社長が就任。リストラを実施せず自力での経営再建に着手。

- 顧客ニーズを起点に、顧客の成長戦略に貢献する付加価値の高い製品を継続的に開発し続けており、2018年には世界最高性能の次世代ドラム「APLEX®」を開発し、電解銅箔の高品質化に貢献している。

- チームによる改善活動やIoT活用による業務効率化を推進。社員アンケートの「働きやすさ・チームワーク」の満足度は

100％を達成。

・高付加価値製品開発や業務改善活動等により、付加価値労働生産性は約1,860万円（2019年度）に達し、2013年度（約650万円）の約３倍に伸長（※製造業平均は約860万円（財務省法人企業統計））。

　同社の歴史は1928年設立の建築資材販売会社「工材社」に始まり、1941年に鉄道車両用のステンレス製化粧パイプを日本で初めて生産開始。太平洋戦争の戦禍を避け、素材供給地である新潟県の直江津に工場を移転した。1961年に電解銅箔用ステンレス製電着ドラム、1972年に電解銅箔用チタン製電着ドラムの製造を世界で初めて行った。現在は、日本製鉄株式会社の子会社として、高度な加工技術によって高付加価値製品を開発し続けている。

　リーマン・ショック等による影響で業績が悪化し、主要事業の一つだった化粧パイプ事業から撤退するなど、2012年度・2013年度と２期連続で経常赤字となった。2012年10月に石川昌弘社長が就任、社員のリストラに頼らず経営再建する決意を固め、同社の改革がスタートした。

顧客の成長戦略と自社の取り組みを親和させる「顧客成長戦略親和」

　売上の約70％を占める電着ドラムは、銅箔メーカーが電解銅箔を製造するための重要設備部材で、銅箔の品質を決める鍵となる。電解銅箔は、スマートフォン等の回路基盤用途や、電気自動車のリチウムイオン電池の負極集電体として需要が急拡大している。

　電着ドラムに対する要求仕様は顧客毎・生産ライン毎に異な

り、例えば、日本の銅箔メーカーは、電解銅箔製品のさらなる薄膜化のための電着ドラムの品質革新を望む一方、中級品の量産を目指す台湾・韓国・中国メーカーは大電流に耐える低価格の電着ドラムを望んでいる。そこで、それぞれの顧客の規格・仕様に対応した電着ドラムを設計・製造できる体制を整えることにした。

その上で、国内外の電解銅箔メーカー上位25社について、「顧客実力評価（現状生産量、生産能力増加計画、高級箔製造技術、開発力）」×「自社との信頼関係（納入シェア、当社製品評価）」の2軸で4分類にランク付けし、ランクに応じた価格方針・技術開発とサポートを行っている。

また、「境界連結者」と名付けた、自社と顧客をつなぐ役割を担う営業・技術開発・サービスエンジニア等19名を配置し、トップ交流、顧客アンケートやヒアリング、技術交流会・巡回および製品完成立会検査などの機会を通じて、顧客の顕在ニーズや問題把握に限らず、将来に向けた方針や主要課題の理解に努め、重要顧客の成長戦略と自社の取り組みを親和させている。これが「顧客成長戦略親和」である。

画期的な製品を生み出す「ベストマッチ製品開発と高生産性一貫管理」

社内外の協働や擦り合わせによって製品の最適設計を実現する「ベストマッチ製品開発」では、材料メーカーとの開発協業による金属材料開発や、社内の設計・製造の協働による「設計・加工の擦り合わせ製品の最適設計」、ビジネスパートナーとの新製品共同開発、新規事業探索を行う全社横断プロジェクトチーム「チームZ」による異要素技術融合での新製品開発に

取り組んでいる。

　また、「工材自己管理チーム」が高生産性（高品質・低コスト・高効率・高技能）一貫管理の統合型ものづくりに取り組んでいる。

　電着ドラムの重要部材であるチタン製トップスキンのメーカーと四半期毎の「協業会議」で技術情報交換を行うことで世界初の材料開発に取り組んでいる他、同社は高い技術を持つ冶金分野の技術者を擁しており、競合他社に対する品質優位性を確立している。

　こうした取り組みを通じて、2014年度に全部門での黒字化を達成後、継続的な収益拡大を成し遂げており、2018年には世界最高峰のチタン製電着ドラム「APLEX®」の開発に成功した。現在、電着ドラムにおける同社のシェアは、日本では100％（年間販売本数）、世界でも約70％（累計販売本数、同社推定）を占める。

組織風土の変革による社員と組織の良好な関係性

　かつては職人気質で部分最適志向の組織風土だったが、前社長が多くの時間と労力をかけて、一体感や連帯感を育み、全体最適志向で行動できる組織風土に変革してきた。2020年6月の宮原光雄社長就任後も、モチベーションと業績が連動することを理解した社員と組織の良好な関係性は持続している。

　毎月各職場で、顧客は誰か（1R）、顧客の声（2R）、顧客を分析・洞察（3R）、新たな行動（4R）でアイデアを出し実行する「4R（ラウンド）かがやき対話」を行うことで、工材自己管理チーム（全社員：14チーム）を育てている。同チームによる高生産性一貫管理視点での「見える化活動」「諸改善活動」

「自律的価値創造活動（JK活動）」は「グッドジョブ活動」と総称される。さらに、社員個人の幸せを「幸せ円グラフ」等で見える化し、「ポジティブな意識（自己効力感）」を醸成、「職場改革・業務改革・時短仕組み改革・休暇の質向上」を実践して、幸せ（うれしさ）・自己実現（やりがい）・生きがいを追求する「働き方・生き方改革」に取り組んでいる。2018年には厚生労働省の「働きやすく生産性の高い企業・職場表彰優秀賞（職業安定局長賞）」を受賞した。

　現在、自動車用のリチウムイオン電池需要が急拡大する中、ボトルネックとなっていた研磨能力の増強、特殊作業設備のオフライン化、ドラム半製品・製品置き場の拡張に取り組むとともに、2016〜20年にかけて全社で約30％の大幅増員を行うなど、電着ドラムの年間200本生産体制の実現に邁進している（現在は170本生産体制）。

2）サービス業

①2010年度日本経営品質賞中小規模部門受賞

株式会社武蔵野（筆者注記：当社は東京の中央線沿線で、ダスキンのフランチャイジーとして、モップ・マットのレンタル業を東京で初めて立ち上げた老舗企業です。2代目の現社長が30年以上をかけて、人財を磨き、仕組みを磨き続けています。2010年度は日本初の経営品質賞2回目の受賞をしています。）
代表者：代表取締役社長 小山 昇氏（筆者注記：受賞当時）

沿革・事業内容
〈業　種〉衛生用品レンタル業

〈設　立〉1956年
〈所在地〉東京都小金井市
〈売上高〉36億1,460万円（2010年4月期実績）
〈従業員〉232名（2010年4月末現在）

特徴

- 従業員自身の成長によって現場主義型の経営体制が確立している
- 変革の歩みの中で守ることと変えることを明確化して戦略と日常行動に落とし込んでいる
- 「徹底すること」と徹底できる仕組みが組織文化として定着している
- 人材の力を活かし切る採用・育成・登用のシステムが活力にあふれる組織をつくっている

表彰理由

　株式会社武蔵野は、2000年受賞時の「社長のトップダウン経営」から、10年を経て顧客の声を現場の価値創造に結び付けるために、過去の経験則よりも現場の事実を重視した「社員主体の自律的経営体制」に変革した。2000年受賞時の在籍社員が半数以下のなか、競争が激化する衛生用品レンタル業界において、同社ダスキン事業は堅実に成長するとともに、ダスキン事業での経験をもとにした経営サポート事業を、新たな経営の事業基盤として確立させた。

　永年にわたり、守ることと変えることを明確にした戦略、人材の採用・育成・登用が従業員中心の組織力を強化してきたことで、2つの事業における高い顧客満足度と社員満足度、そし

て極めて健全な財務状態の達成に結びついている。2000年受賞以降の継続的な変革は、経営品質の基本理念の具現化、組織開発や事業承継等、多くの中小規模企業に参考となるヒントを与えてくれる。以下が今回の審査で高く評価した点である。

従業員自身の成長によって現場主義型の経営体制が確立している

　トップダウンの指示通りに行動するだけでは現実に対応できないことに従業員自らが気づき、2004年頃から中間管理職層や現場従業員自らが、経営層に対して顧客の声の代弁者として主体的に意見を言えるシステムをつくり始め、現在、現場中心の自律的なマネジメント体系を完成させている。2000年の日本経営品質賞受賞以降10年間をかけて実現してきた「トップダウンからボトムアップの経営」は、単に意思決定プロセスの流れを上方向から下方向に変えるという仕組みの変更にとどまらず、経営品質向上プログラムが目指している、従業員の意識と思考、組織の対話の変革による現場主導型の経営体制が確立していると評価できる。

変革の歩みの中で守ることと変えることを明確化して戦略と日常行動に落とし込んでいる

　独自の「経営計画書」等を中核とする組織価値観、「早朝勉強会」と「環境整備」を基本にした社員教育、地域密着の市場戦略等、経営の根幹は守り続ける一方、市場全体では競争が激化するダスキン事業は、市場環境や顧客ニーズの変化に応じた新たな工夫・改善を随所に行うことで堅調な成長を見せている。

　また、介護保険適用外の高齢者向け介護サービスという社会的意義の大きい事業への進出や、当初小山社長の個人的な経営

指南塾に近かった経営サポート事業を、自分たちの組織変革の事例を理論化して顧客の会員化を進め、組織革新の定着プログラムとして体系化し、5年間で5倍の事業規模へと急成長させている。こうした事業・組織構造を大きく転換させながらも、変革の歩みの中で守ることと変えることを明確にし、戦略や具体的な日々の活動に落とし込んでいることが、極めて健全な財務状態の維持につながっていると評価できる。

「徹底すること」と徹底できる仕組みが組織文化として定着している

　永年続けている地域貢献活動や、一人ひとりの従業員が自分の判断で顧客への役立ちや気配りを行っていること、部門会議や組織横断チームでは常に「未来対応型問題解決シート」を思考のフレームワークとしていること等、顧客本位の思考や行動する習慣が定着している。同時に成果の見える化、従業員の積極的な行動をあらゆる面から発見し褒め称える仕組み等により、"徹底すること"が独特の組織文化として定着しており、その結果が、高い顧客満足度、従業員満足度を生んでいる。

人材の力を活かし切る採用・育成・登用のシステムが活力にあふれる組織をつくっている

　採用段階でのインターシップ制度や内々定以降の独自の工夫による入社前研修等のフォローにより、5年以内の定着率は86.8％と、中小企業として極めて高い状態にある。また入社後のOJT制度や専門トレーナーによる育成支援、役職者の社内公募なども盛んに行われている。

　さらに、ダスキン事業のベテラン社員が経営サポート事業の

講師やスタッフにキャリアアップする機会も開かれており、人材が自立的に育つ状況が意図的に作られている。従業員の経営参画の機会、価値原則・行動原理の明確化、活発な社内コミュニケーション活動、何事もオープンにする会社風土、健全な財務に裏付けられた人材育成投資によって、人材と利益が組織内で還流し、自分たち自身で未来を創造できる力強い組織を創り出している。

筆者コメント：当社は、２代目の経営者である現社長が、ある意味、人生をかけて経営改善に取り組んできています。現社長は一倉定（中小企業の社長に限定したカリスマ経営コンサルタントであった）の高弟であったことは有名で、長く全国の中小企業社長を対象とした勉強会や個人的なコンサルを行ってきましたが、2000年の日本経営品質賞受賞を契機に自社の仕組み（環境整備・経営計画書・人事評価制度・人財育成など）を公開し、会社の一部門としてコンサル事業を立ち上げて成長しています。

②2016年度日本経営品質賞中小企業部門受賞
株式会社ピアズ
代表者：代表取締役社長 桑野 隆司氏（筆者注記：受賞時）

沿革・事業内容
〈業　　種〉ショップ・コンサルティング
〈設　　立〉2005年
〈所在地〉東京都港区
〈売上高〉14.5億円（2016年９月末日）

〈従業員〉70名（2016年9月末日）

特徴
・NTTドコモ密着型ビジネスモデルの構築による提供価値の増幅
・人との繋がりを重視した人脈作り
・持続的な成長に向けた人材育成と柔軟性を持った組織づくり

表彰理由
　「通信業界を変革したい」という社長の思いで創業したピアズは、「通信業界のベストパートナー」というビジョンの実現に向け、顧客であるNTTドコモと徹底密着した人脈作りを行い、販売店促進支援から販売店教育・コンサルティング、NTTドコモ本体の教育支援、さらにはNTTドコモの新規事業開発支援にまで提供価値を増幅させ、他社が参入しにくいNTTドコモ密着型のビジネスモデルを作り上げている。

　このビジネスモデルを確立するために、社長がいなくても回る柔軟な組織体制、徒弟制度・スキルマップを活用したコーチング主体の独自の人材育成、さらには、多様な情報共有とコミュニケーションの場（朝礼、支社会、ボトムアップ会、共有会、個客ミーティング、価値ミーティング、Facebook、Googleドライブ）を活用することによって、他社では真似のできない圧倒的なスピード感ある顧客価値の提供を実践している。同時に新たな顧客価値創造に向けた創発の場としても機能している。

　この結果、高い従業員満足の実現、高い収益性、顧客であるNTTドコモ及び店舗コンサルティングの成果による店舗順位の上昇などドコモグループの信頼と満足度向上を実現している。

創業間もないベンチャー企業の経営品質向上活動は、多くの
ベンチャー企業が成長過程で停滞しやすい中で、人材育成と人
脈形成を中核とした事業展開のモデルとなりえる。

NTTドコモ密着型ビジネスモデルの構築による提供価値の増幅

　創業期の販売現場におけるSP支援から成果を上げ、販売現
場の知見からかゆいところに手の届く提案を行い、Facebook
や支社会、価値ミーティングや個客ミーティングによる情報共
有の仕組みを活用して圧倒的なスピード感あるサービスの提供
により、競合他社には真似のできない独自性を発揮し、販売現
場の研修におけるシェア40％を確保し、NTTドコモの信頼を
勝ち取った。その人脈を大事に深耕・拡大して、現在では、
NTTドコモ及びドコモグループに、販売現場の課題解決から代
理店販売の経営コンサルティング、NTTドコモの営業部隊の課
題解決等の価値提供と、より上位階層へ価値を提供し始めると
共に、NTTドコモの戦略段階から相談を受ける信頼関係を構
築、高い顧客満足度と業績を達成している。

人との繋がりを重視した人脈作り

　「お世話になった人への感謝と義理」を営業哲学として、顧
客との親密な関係づくりを最重視している。役員およびアカウ
ントエグゼクティブ（AE）によるNTTドコモ本社及び支社、
講師やコンサルタントによる販売現場の顧客ニーズ、双方の情
報を社内で共有・活用することにより、確固たる信頼関係構築
と迅速な価値提供を実現している。激変する通信キャリア業界
のニーズ変化をいち早く察知し、NTTドコモが把握していない
顧客ニーズをとらえた解決策の提案に繋げている。

持続的な成長に向けた人材育成と柔軟性を持った組織づくり

　社員の質を向上させることが顧客価値向上に繋がると認識している。無料で参加できる社員対象ビジネススクール「ピアズ塾」を人材育成のベースとし、各支社で経営幹部が講師となって全国で展開している。また、人材育成に最適な「師」を選定して、業務指導・日常的アドバイスを行う「徒弟制度」により、コーチング手法を取り入れたマンツーマンで指導する体制づくりを行っている。

　ダイバーシティマネジメントを活用したサポートチームを編成し、機能横断的な要素を持った柔軟性のある組織づくりを行い、高い従業員満足度と業界平均を大幅に下回る離職率10％以下を実現している。

筆者コメント：当社は名古屋発祥のベンチャー企業です。創業期に経営品質賞に出会い、経営品質向上活動を企業の柱として、会社を立ち上げ、成長軌道に乗せています。

　ベンチャー企業や第二創業を志している組織には最適なベンチマーキング企業と言えましょう。

③2020年度日本経営品質賞中小企業部門受賞

株式会社オオクシ

代表者：大串 哲史氏

沿革・事業内容

〈業　　種〉理美容

〈設　　立〉1982年（創業年1964年）

〈所在地〉千葉県千葉市

〈売上高〉17.6億円、経常利益1.3億円（2019年度）
〈従業員〉228名

全社的な強み

【最短での黒字化を実現する出店・立ち上げプロセス】
【上質なサービスと設備を手軽な価格で提供】
【徹底したデータ分析とオペレーションチェック】
【スタッフの育成・確保】

表彰理由

〈特徴・成果〉

- 「上質なサービス・設備を手軽な価格で提供すること」をコンセプトに、千葉県を中心に55店舗の理美容店を展開。理美容店は全国で37万軒（コンビニの６〜７倍）あり、都市部を中心に過当競争が続く中、同社来店客数は順調に増えており、年間総来店客数は106万人に達している。

- 徹底したデータ分析を強みとし、商圏／ターゲット分析に基づく出店戦略により、出店後の撤退は統合の１件にとどまる。20年前から独自のPOSシステムによる顧客分析（顧客属性、メニュー、カットパターン、再来店率等）やハガキによる来店客アンケートを分析し、サービス・オペレーション改善につなげるとともに、アンケート回答者（年間３万人）には手作業でお礼ハガキを返信することで関係性を強化し、高い再来店率（85％以上）を実現（※業界平均は60〜70％台）。

- 売上高の50％を人件費として確保し、（業界で一般的な）完全歩合給制ではなく固定給制で、千葉県内の理美容師の平均

年収を約20％上回る。離職率は約10％で、業界平均（約40％）を大幅に下回る。

「カットオンリークラブ」「カットビースタイル」等の６ブランドの理美容店を、本社のある千葉県を中心に、東京都、茨城県に計55店舗展開している。出店・立ち上げプロセスと出店後の「上質なサービスと設備を手軽な価格で提供する」というサービスコンセプトの具現化プロセスが卓越しており、収益性・安全性等でも国内企業信用調査機関から理美容業界トップの評価を受けている。

最短での黒字化を実現する出店・立ち上げプロセス

　新規店舗の出店は、本社から車で１時間以内をターゲット市場とし、既存店舗とは、ショッピングセンター内店舗なら半径３km、路面店なら半径1.5km以上離し、商圏を棲み分けている。既存店舗のエリアを中心に物件を探し、各エリアで集中的に店舗を展開している。出店地域・物件が決まると、過去のデータやノウハウに基づき、「物件評価シート」で売上・損益予測をし、予測の８割でも投資回収が可能であることを基準として出店を判断している。出店に必要な資金は営業キャッシュフロー内で調達している。オープン後は、店舗支援室が「収益予測シート」「立ち上げシミュレーションシート」を活用し、最短で黒字化するための取り組みを行っている。撤退は商圏が近すぎた店舗の移転統合による１店のみで、近年の撤退はない。

上質なサービスと設備を手軽な価格で提供

　設備面では、高級店を手掛けているデザイナーを起用して洗練された店舗デザイン開発を行うとともに、店舗間でレイアウ

トに一定の類似性や共通性をもたせることで、他店舗スタッフがヘルプを行う際にも効率的に動けるようにしている。既存店舗は5年程度のサイクルでリニューアルを行っている。また、シャンプー等はオプションメニューとして、カット、カラー、パーマなどの基本的なメニューに絞ることで、平均客単価1,700円台で、質の高いサービス・空間を提供している。

徹底したデータ分析とオペレーションチェック

　徹底したデータ分析により、多様な指標を数値で見える化し、振り返りと学習を徹底的に行っている。分析担当部門は会社全体の重要数値項目を定めて「事業報告及び事業計画書」にまとめ、1年単位で振り返りを行っている。POSデータから集計した再来店率や回転率といった主要データは1カ月単位で振り返り、全店長が集まる経営会議で共有・議論する。データや日常の店舗状況から改善が必要と判断した店舗については、本社スタッフが重点的に訪問し、16分野207項目のオペレーションチェックを実施している。また、店長同士で実施する簡易オペレーションチェックも行っており、各店舗のレベルアップと店舗間のサービスのバラつきを解消している。

　特に再来店率と回転率を重視し、同社研修委員会主催の「再来店率アップセミナー」で接客力の向上を、「回転率アップセミナー」で技術力の向上を図っている。ハガキで送ってもらう「お客様アンケート」は年間約3万件の回答があり（年間総来店客数106万人）、すべてのアンケートに手作業でお礼のハガキを返信し、高い再来店率につなげている。

　余計なサービスを削ることにより、スタッフ一人当たり1日約18人の高い回転率を達成しており、待ち人数が多い場合に

は、エリア内の店舗間でスタッフが移動しヘルプを行うことで、スタッフの稼働率を高めている。ヘルプを行った際には、協力対価を店舗間で移動させるなど、きめ細かな収益管理も併せて行っている。

スタッフの育成・確保

　経営理念やフィロソフィーの共感度を重視し、一人２時間ほどかける採用面接時に、その内容や共有方法について説明し、共感を得た人を採用している。フィロソフィーについては、朝礼での読み合わせや、スタッフ全員が毎年「私とフィロソフィー」という作文を書き、１冊の文集にまとめて全スタッフに配布する取り組みを継続的に行ってきた。ビジョンに対する共感度は10点満点中９点を超えている。

　新人研修やブランクがある人のための研修、スキルアップのための任意の有料研修など手厚い研修を実施し、通常３〜５年かかるといわれるスタイリストの早期育成（２年程度）を実現している。スタッフは「スタッフ成長記録ノート」を活用して、個人・店舗成績、店舗ミーティングの内容、研修・セミナーの受講内容を振り返ることで、自らの成長を実感するとともに、さらなる成長の動機づけにつなげている。また、店長候補者を対象に、社長自ら講師を務める「導照塾」では、創業の思いやリーダーとしての考え方、数値管理などを教えている。

　人件費を経費とは考えず、売上高の50％を人件費として確保する方針の下、（業界で一般的な）完全歩合給制ではなく固定給制（固定給に加えて一定の売上に応じたインセンティブも支給）として、千葉県内の理美容師の平均年収を約20％上回る年収を実現している。パートスタッフの社会保険加入を促進

し、福利厚生も充実させている。指紋静脈認証による勤怠管理システムで正確な労働時間管理を行い、45時間分の固定残業代を支出し、超えた分は追加残業代を支給している。

　こうした取り組みを通じて、離職率は業界平均40％と比べて大幅に低い10％程度を維持している。

3）金融・保険業

①2017年度日本経営品質賞中小企業部門受賞
トップ保険サービス株式会社
代表者：代表取締役社長 野嶋 康敬氏

沿革・事業内容
〈業　　種〉保険代理業
〈設　　立〉1994年（創業1926年）
〈所在地〉福岡県北九州市小倉北区米町1-3-1　2F
〈売上高〉353百万円（2016年度）
　　　　　　※年間取扱保険料 損保1,557百万円・生保709百万円
〈従業員〉28名

特徴
・本業は「売る」ではなく「顧客対応」
・顧客対応力強化のため全国保険代理店の組織化を主導
・業界課題を克服する迅速な構造転換
・潜在ニーズへの提案を具体化する組織的顧客理解
・本業（顧客対応）のレベルアップをめざした独自育成体制
・後継者育成・事業継承をめざした独自の仕組み

・新卒者獲得を可能にする地元信用度「顧客対応」

表彰理由

業績は好調で、一人あたり売上高（手数料収入）、経常利益率は業界平均と比べて高水準となっている。保険代理店というありふれた業種で、一見、優良顧客を持っているが故の好業績企業のように見えるが、その実態は、業界の一般的な経営目標や常識にとらわれず、独自の顧客価値を定めることで、同業者とは全く異なるビジネスモデルを構築し、成功している事例といえる。

本業は「売る」ではなく「顧客対応」

「弱っている人々の楯になる」ことを企業コンセプトとし、「事故対応こそが本業」と位置付けることで、保険会社の代理というより、お客様の代理となるべく、保険代理店の本来のあるべき姿を追求している。すなわち、保険商品を売ることよりも、顧客の損害補償やリスク管理のための業務を主とし、「現場急行」「現場確認」「現場での助言」を基本とする事故対応や、様々な企業リスクを想定したリスク・シミュレーションやリスク・マネジメント研修等を提供している。

事故対応については、自動車事故だけでなく、火災やPL事故なども同様に現場対応を行う。リスク管理メニューは海外PL訴訟から自然災害まで、多岐にわたって用意されている。これらは、同業他社が容易に追随できない独自のサービスといえる。

顧客対応力強化のため全国保険代理店の組織化を主導

　また、広域に拠点を展開する大企業顧客のニーズに対応するため、九州や全国の優良保険代理店をネットワーク化したNPO法人全九州ヘルプネットやSHIELDS／シールズ（登録商標）設立を主導している。保険代理店が主導して設立し、同業者相互で事故サービスを代行するような組織は類を見ない。2年前の申請時にも、これらのネットワーク組織は既にあったが、2017年時点で加盟代理店数が300社を超えるまでになっている。

業界課題を克服する迅速な構造転換

　そして、損害保険業界全体の課題である自動車保険依存体質からの脱却にもいち早く成功し、独自に企画した新種保険に軸足を移して収益構造の転換を進めている。自動車保険が先細りする中でも、業界全体では自動車保険が依然として60％を超えている。同社も2004〜5年当時は、全体とほぼ同じ構成だった。しかし、同社は賠償責任保険や傷害保険などの新種保険の売り上げを増やし、2016年には、新種保険の比率が47％にまでなり、自動車保険の比率を31％にまで下げている。

潜在ニーズへの提案を具体化する組織的顧客理解

　実際、企業顧客の担当者との日常会話を通して、顧客特有の経営課題から潜在的リスクを抽出し、それをカバーするオリジナル保険を先回りして自在に企画・設計して話題にあげ、布石を打ってきた。例えば、人事担当者から社員のメンタルヘルスの悩みを聞いたことをきっかけに、精神疾患も補償対象とするサービスを持つ専門会社と提携して、大手保険会社の保険GLTD（団体長期傷害所得補償保険）と組み合わせたオリジナ

ルの福利厚生制度を4年がかりで提案し、昨年契約している。

　これも、一般的な保険代理店では考えられないことである。この福利厚生制度は、TOTO（株）グループ向けに開発されたが、今後は他の顧客にも提案される計画である。

本業（顧客対応）のレベルアップをめざした独自育成体制

　損害保険、生命保険の業界団体では、保険代理店の社員を対象に、生保大学、損保大学というWeb学習システムを作り、保険を売るための業界統一の販売員資格制度を運営している。それに対して、同社では、本業と位置づける事故対応などに関する独自の人材育成プログラム「黒帯審査会」を開始して（2年前の申請時にはなかった）、保険業務に関わる様々な知識・ノウハウの組織的移転と体系化を進めている。

後継者育成・事業継承をめざした独自の仕組み

　また、既に3名の部長級幹部にリーダークラスを加えた管理職会議での合議体制になっているが、さらに、大口顧客からの「社長一人の会社であっては困る」という要請もあり、社長の「自分の子に継がせるつもりはない」宣言もあって、年に一度の「TSD（次の社長は誰だ）総選挙」を3回実施しており、次世代の自覚を促している。

新卒者獲得を可能にする地元信用度「顧客対応」

　東京海上日動が実施している代理店満足度調査（保険契約者が対象）では、全国No.1の常連となっており、従業員満足度も高く、新卒者の入社後3年以内の離職率も低い。保険代理店は不人気業種であるにもかかわらず、同社の場合、「個人ノル

マなし」「新規営業なし」などの方針もあるが、地域での知名度や信用度が高く、「全員面接」を経て、毎年1〜2名、7年間で13名の新卒大卒のみを採用し続けている（うち退職者は5年前の2名のみ）。

②2019年度日本経営品質賞大企業部門受賞

株式会社肥後銀行（筆者注記：金融業界初の受賞です）
代表者：代表取締役頭取 笠原 慶久氏（筆者注記：受賞当時）

沿革・事業内容
〈業　種〉銀行
〈設　立〉1925年
〈所在地〉熊本県熊本市
〈売上高〉経常利益：181億円（2019／3期）
〈従業員〉2,191名

特徴
・高い価値創造を実現する体系的組織変革と人づくり
・経営品質フレームを内部振り返りと本業に活用
・金融サービス・非金融サービスを通じた社会貢献活動
・組織全体の一体化による風土変革

表彰理由
　肥後銀行は、一貫して健全経営を実践しており、大正14年の創立時以来、赤字を計上したことがない。
　現在の甲斐会長が頭取に就任した2009年から、肥後銀行の経営革新への取り組みが本格化した。

同行の表彰理由は以下の通り。

高い価値創造を実現する体系的組織変革と人づくり

「集権から分権へ」を実現するために、ブロック統括店支店長に人事権（主任以上は本店に人事権）をもたせたブロック単位運営に移行するとともに、経営幹部（支店長、グループ長等）の意思決定に必要なスキルとして、システム構築能力（IT）、コミュニケーション能力（CT）、管理会計と分析・説明能力（AT）の3種類をICATと呼び、体系化して重点的に育成した。その後、対象範囲を全行員に拡大し、10年間かけて行員のスキルおよびITによる支援のレベルを磨き上げてきた。特にITは、窓口業務の一部をタブレット入力・QRコード化するシステムを共同開発したものが市販されたり、不動産担保評価業務システム・地番調べシステム・預かり管理システムのローンチ・カスタマーとなったりしている。こうした組織風土の中で、2016年4月に熊本地震が発生し、地元が甚大な被害に直面する中で、行員たちが覚醒することになる。

震災直後にCT・ATが発揮される。（a）営業店行員に加え、本部および鹿児島銀行（同じ九州フィナンシャルグループ）の行員総勢863名で、県内法人全16,403先、住宅ローン全43,548先の被災状況を確認、要望を集約し、（b）お客様第一主義管理委員会、震災復興委員会が現場情報を吸い上げる仕組みを作り、（c）ブロック統括店支店長の判断で、ブロックの渉外担当者を被災地に集中投下する機動的人員配置を行い、（d）計画策定や進捗管理等のノウハウを顧客に提供し、グループ補助金（中小企業がグループを作って復旧・復興の事業費を申請すれば、国と県が事業費の3／4を補助する制度）申請の際のグルー

ピング支援や事業計画策定支援を行った。

　さらに、ITを発揮して、MS4（顧客管理システム・融資トータルシステム・口座分析システム・管理会計システムの総称）を活用して県全体の復興状況を合算B／S、P／L等で把握し、復興支援のファンド総額を想定し、くまもと復興応援ファンド、くまもと未来創生ファンドなどを組成するとともに、くまもと復興応援私募債（文化財寄付オプション付私募債）、学び舎応援私募債（発行企業が指定した学校への教育機器等寄贈付私募債）、創造的復興おうえん資金（元金据置期間の新設、融資期間の延長）、熊本城応援プラン（寄付付個人向け国債）、資産形成と震災復興支援の二刀流プラン（契約件数に応じて一定金額を寄付）などの熊本地震関連の金融商品を開発・提供してきた。

　こうした震災対応が象徴しているように、肥後銀行は、ICATを活用した事務効率化によって、事務人員を渉外人員にシフトし、「事務から事業へ」軸足を移しつつある。例えば、他行が店舗閉鎖による効率化を急ぐ中で、フェイス・トゥ・フェイスのサービスを重視し、あえて123店舗（17ブロック）の閉鎖は行わないという方針を立て、過疎地では昼休み制度導入による短時間営業、被災地域等では移動店舗2台（2017年から）を活用している。

経営品質フレームを内部振り返りと本業に活用

　2017年より経営品質向上の視点から組織を振り返る視点をもつ人財育成を開始、2018年8月に41人、2019年7月に33人の計76人が「セルフアセッサー」資格を取得した（正社員は2,000人程度）。これは、銀行経営の品質向上に資することに加

え、顧客の過去の財務計数に頼るだけではなく、将来の事業性評価を着実に行っていこうという姿勢の表れでもある。こうして、法人顧客に対しては、将来の事業性評価を含めた審査的営業活動により、無担保・無保証の融資を提供したり、事業承継やM＆Aなどの非金融面での課題解決支援を行ったりすることで、非金利収入は着実に増加している。また個人顧客に対しては、2019年２月に信託業務兼営認可を取得し、熊本を離れている子息がいる場合等には、遺言信託等を活用して課題解決に結び付けている。

金融サービス・非金融サービスを通じた社会貢献活動

　肥後銀行の寄付＋協賛の金額は、2018年度は７億4,700万円と経常利益（181億円）の4.1％にもなっている。2019年度からは、グループでESG（Environment, Social, Governance）投融資の指針を制定し、地銀初のESG投融資目標5,000億円を設定・公表している。また地域社会の課題解決のために、金融の枠を超えて、目的地型観光振興会社「くまもとDMC」、熊本食材を使って熊本をPRする香港のレストラン「櫓杏」（ろあん）を立ち上げ、ホテルを運営する「瀬の本高原リゾート」へも出資している。

組織全体の一体化による風土変革

　こうしたことの背景には、お客様目線の行員の提案に対して本部の各部門がすぐに対応することや、本部の各部門が各営業店に臨店して支援することで営業店と本部の距離が縮まり、本部への信頼感が増していることがある。甲斐会長は、2017年の会長就任後は執行から外れ、自らをChief Educational Officer

と名のり、「肥銀ビジネス教育」という子会社を作って社員教育に注力している。銀行の執行は笠原頭取に引き継がれ、経営品質向上への取組みは加速している。

4）医療・介護業

①2011年度日本経営品質賞中小規模部門受賞

医療法人財団献心会川越胃腸病院（筆者注記：川越市にある胃腸科専門病院。病床数40床の中小病院ながら、埼玉県の大腸がんの30％の手術件数をこなしている。受賞時のES・CSは全国の大規模病院を含めた調査でダントツの高さを確保している。）

代表者：理事長・院長 望月 智行氏（筆者注記：受賞当時）

沿革・事業内容
〈業　　種〉医療機関
〈設　　立〉1969年
〈所在地〉埼玉県川越市
〈売上高〉1,629百万円（2011年3月末）
〈従業員〉114名（委託／派遣職員を含む。2011年10月末現在）

特徴
・経営トップの想いが全職員まで浸透することにより、自主的行動が促された現場主義型の経営体制の確立
・患者様の声から改善するプロセスの確立による高いレベルの医療サービスと優れた業績を実現
・外部第三者評価を有効に活用した改善プロセスの確立

・職員満足度および患者満足度の競合比較による客観性を持った優れた満足度水準

表彰理由

　川越胃腸病院は、早くから医療はサービスと位置づけ、職員の満足無くして患者様に高いサービスを与えることはできないことに鑑み、委託・派遣職員をも含めた職員全体のやりがい、働き甲斐を出発点にした仕組みづくりを行ってきた。その結果、職員満足が全国トップレベルとなるとともに、人が育って患者様に満足を与えるサービスを繰り返すことにより、職員の感性が磨かれ、満足を超えた感動レベルにまでサービスが向上し、その改善・革新が常態化している。さらに、現状に満足することなく、新たな評価指標の活用や、外部機関をうまく利用したプロセス改善の仕組みを構築している。

　職員満足から患者満足を向上するという変革の経緯は、医療機関をはじめ他業界の組織にとっても参考となり、経営品質の基本理念の具現化や組織開発に対する多くのヒントが含まれている。以下が、今回の審査で高く評価した点である。

経営トップの想いが全職員まで浸透することにより、自主的行動が促された現場主義型の経営体制の確立

　院長は、20年前から実施している年2回の職員面接、責任者会議、採用面接、そして毎日の朝礼を通じて、経営に対する強い思いを発信し続けている。同じチームのメンバーとして率先垂範してきたことが、全職員に理念として浸透するだけでなく、「理念を実現する組織風土」にまで至っている。互いの仕事を認め合う・褒め合うということを制度の活用で高めるので

はなく、仕組みもルールも、「心のレベルで共有する風土」にまで醸成している。これらの風土の中、委託・派遣職員も含めた職員全員が社会貢献ボランティアのように生き生きと働き、その結果、高い患者満足を実現している。さらに職員は患者様から「ありがとう」という言葉をいただくことで、自らの仕事に対するやりがいが高まり、高い職員満足に繋がっている。目指している「人満足の好循環スパイラル」がすでに実現されており、その結果「利益造出の好循環スパイラル」にまで繋がっている。

患者様の声から改善するプロセスの確立による高いレベルの医療サービスと優れた業績を実現

　20年前から自院で患者満足度調査を実施し、定量的データとともに自由意見を通して定性的なデータも集め続けている。また患者様のニーズを深く理解するために、患者満足度調査を任意記名式アンケートへ改善するとともに、職員が現場で察知する情報も加えた「患者様の声」の収集体制を構築している。

　さらに、医療業界では画期的である医療サービス対応事務局を設置し、「患者様と病院のパイプ役」「院内情報のコントロールタワー」として、院内及び対外的な対応の調整を行っている。加えて、この事務局は、メンバーに役員を入れることで、経営会議との調整機能も持たせ、患者様の声を戦略に取り入れやすい工夫が施されている。このことにより、総合的に患者様を理解する体制が整えられ、多くの患者様の声を活かして、技術と安全と心温まる医療サービスを徹底して改善し、迷いのない適切な対応を実行していると思われる。これらは、患者満足につながり、結果として高い売上や利益率につながっている。

外部第三者評価を有効に活用した改善プロセスの確立

現状に満足することなく、職員満足の内部確認プロセスを充実するため、外部調査を活用して新たな指標を見つけ出し、自分たちのプロセスとして活用している。また、基幹プロセスの充実度などを確認するために病院機能評価等の外部機関をうまく利用したプロセスの確認方法を用いている。また、自分たちの戦略との合致性を向上するため、学会認定を戦略的に取得し、専門医が取得できる体制を整備し、医師・内視鏡技術者の育成、さらにはレベルアップやモチベーションアップに活かしている。

一方、職員満足から患者満足が向上するプロセスの組織成熟度を確認するために、経営品質向上プログラム（埼玉県経営品質賞、クオリティクラス認証）の外部評価を活用し、プロセスの成熟度を向上させるための経営情報を上手く選択し、モニタリング・改善がなされる仕組みを構築している。

職員満足度および患者満足度の競合比較による客観性を持った優れた満足度水準

患者満足度は20年以上独自の調査を継続し、高い満足度を維持し続けていることを確認している。特に近年、医師の独自採用に踏み切ったことにより、診療部を含め総ての部署で満足度が向上している。一方、職員満足は院長・役員面接や日ごろの対話によって把握している。これらの満足度を客観的に比較評価するために、患者満足度・職員満足度共に外部機関を活用した満足度評価を実施し、結果として、医療界の優れた組織と比較しても患者満足度・職員満足度共に競合を凌駕する結果が得られている。

筆者コメント：当病院へは何度も足を運んでおり、様々のグループメンバーをお連れして視察を繰り返してきました。当院の受付ロビーはまるで高級ホテルのロビーに入ったように、穏やかで、上品な雰囲気を漂わせています。職種に関係なく同じ制服を着用しているのも特徴の一つで、女性陣は航空会社のキャビンアテンダントのようで、全員がスカーフを首にスマートに巻いています。一見すると職種がわからなくなっているがこれも当院の顧客対応戦略の一つになっています。院内は生花や鉢植えであふれていますが、これは、派遣社員の清掃係の皆さんの自主的な活動結果です。当院は理事長でもある望月院長（当時）が20年をかけて、理念型経営・社員満足・患者満足を追求してきた結果、このようは病院を実現しています。基本は「医療は究極のサービス業である」という院長の思いに共鳴する医療スタッフや事務系スタッフが集って、強靭な組織を実現しているのです。医療界では、看護師の離職率の高さが大きな問題となっていますが、当院では、基本的に離職率はゼロで、看護師が退職するのは、個人的な理由（結婚・田舎に帰る・家族の介護など）に限られています。その場合も、空席を待っている内定の看護師がすぐに入職する仕組みを構築しています。

②2012年度日本経営品質賞大規模部門受賞
社会福祉法人恩賜財団 済生会支部 福井県済生会病院（筆者注記：全国に展開している済生会病院グループでトップを切って経営品質向上活動に取り組み、済生会病院グループとして初めて日本経営品質賞を受賞するなどの成果を出している）
代表者：病院長 田中 延善氏（筆者注記：受賞当時）

沿革・事業内容

〈業　種〉医療機関

〈設　立〉1941年

〈所在地〉福井県福井市

〈売上高〉16,108百万円（2012年3月末）

〈従業員〉1,356名（派遣、委託職員含む。2012年10月現在）

特徴

- 理念の共有・浸透度から行動を振り返る学習の常態化
- 医師・職員が一体化した医療サービス提供の革新と高水準の患者満足度の実現
- 組織マネジメントを意識した現場改善及び組織風土改善の展開とその学習の仕組み
- 地域医療における連携との良好な関係構築と選ばれる病院づくりの革新

表彰理由

　福井県済生会病院は、「患者さんの立場で考える」の理念の浸透を最優先と考え、経営幹部が率先して病院内はもとよりビジネスパートナーまで浸透を図っている。医師・看護師・薬剤師・検査技師・栄養士など専門職が一体で治療計画を立てる「クリニカルパス」の高い実施率により、診療サービス標準化、生産性と医療過誤・誤診の防止、効率性、職員のプロ意識の向上など、垣根を超えた取り組みが複合成果を生み、医療サービス提供の革新を実現している。

　その結果、入院と外来双方の「病院満足度ポイント」も全国で高い水準を実現している。また、病院としての基幹プロセス

の充実を確認するために、病院機能評価等を活用し、職員満足から患者満足が向上する組織になっているかを確認するために、日本経営品質賞を活用し、改善する仕組みを構築している。

こうした結果、満足が高い組織が出来上がり、職員意識調査結果と患者満足度外部調査結果が合致した全国トップレベルの結果となっている。職員満足から患者満足を向上するという変革の経緯、理念の浸透と働き甲斐の追求が患者満足に通じていることの再認識のしくみなど、医療機関をはじめ他業界の組織にとっても参考となり、経営品質の基本理念の具現化や組織開発に対する多くのヒントが含まれている。以下が、今回の審査で高く評価した点である。

理念の共有・浸透度から行動を振り返る学習の常態化

病院の職員全員で共有する理念を「患者さんの立場で考える」とし、職員の理解と浸透を図るために、病院長や経営幹部自ら、ことあるごとに現場に赴き、現場の事象と合わせた言葉で語り掛け、常に理念・価値観を語ることにより、職員の意識の変革と連携を促進する組織風土の醸成が図られる体制ができている。

その結果、患者さんの声から医療提供プロセスの改善が常態化しており、高い患者満足度結果や外来患者数増加などにつながり、高い財務結果に連動している。また、目的をもった対話の場の設置とともに、理念から働くことの原点・働き甲斐を考えるフォロー研修など、理念・基本的価値観に立ち戻り、考え直す学習の取り組みが常態化している。

医師・職員が一体化した医療サービス提供の革新と高水準の患

者満足度の実現

　チーム医療実現のための組織の壁をなくすことを目的に、「ワークアウト」の手法を取り入れたプロジェクトの編成、革新の中核人材となる現場リーダー育成等、診療現場の組織能力の育成を進めている。そのことで医師・看護師等の専門職が一体となって治療計画を立てる「クリニカルパス」が全国的に高い実施率につながっており、診療サービスの生産性と安全性向上等の複合成果を生み、医療サービスの革新を実現している。その結果、入院、外来双方の患者満足度も全国比較で高い水準結果となっている。

組織マネジメントを意識した現場改善及び組織風土改善の展開とその学習の仕組み

　組織の継続的改善と成長を続けるために、ISO9001、BSC、シックスシグマを融合させた独自の「済生会クオリティマネジメントシステム（SQM）」を導入し、理念や意識のベクトルの統一、組織横断的なチームの形成、創造工夫しながら問題解決をする場（環境）の提供等、組織風土改善の目的も果たしている。組織全体の展開度・実行度合いをSQMインタビューでモニタリングし、病院全体の取り組むべき課題発掘等に生かしている。その結果、組織全体の能力が向上し、変革のスピードに対応できる組織となっている。

地域医療における連携との良好な関係構築と選ばれる病院づくりの革新

　地域の中核的役割を果たすために、地域連携室を置き、連携医との役割分担や病院の特徴と戦略・設備などを共有する講習

会や勉強会が行われ、開放型病床も40床運営されている。また、連携医アンケートで常にニーズ・要望を把握して改善する仕組みが整備されている。さらに、地域連携室職員と連携医のface to faceのコミュニケーション、栄養士や認定看護師の指導協力等がなされている。その結果、患者さんの「紹介率」、「逆紹介率」といった地域医療支援病院で求められる水準において、達成要件を高く上回る水準を納めている。

さらに、「日本一患者が幸せになる」という３カ年ビジョンの実現の観点から、地域連携医との良好な信頼関係を活かし、新たな指標として「逆紹介患者（開業医さんに返した患者）の幸せ度アンケート」を創造し、実施するとともに、地域連携医との相互学習する仕組みまで構築されている。

筆者コメント：当病院へは、何度も訪問しています（医療版MBA研究会・地域包括ケアマネジメント研究会等）が、訪問するたびに進化している姿を感じる病院です。大規模病院でありながら、経営層、職種を超えて改善の風土が定着しています。さらに常に最新の経営ノウハウや経営ツールを積極的に取り入れ、自分たち流に昇華させて使いこなしている組織力は、民間企業でも中々身につけられていないと思われます。

③2014年度日本経営品質賞大規模部門受賞

社会福祉法人こうほうえん（筆者注記：医療機関も備えた大規模社会福祉事業者）
代表者：理事長 廣江 研氏（筆者注記：受賞当時）

沿革・事業内容

〈業　種〉介護、保育他
〈設　立〉1986年
〈所在地〉鳥取県米子市
〈売上高〉7,614百万円（2013年度）
〈従業員〉1,434名（2014年 4 月現在）

特徴

- こうほうえんに関わる全ての人への『個の尊厳』、『互恵互助』への弛まぬ思いと実践
- 地域の信頼を得る利用者と家族の質の高い暮らし（QOL）の実現
- 組織ビジョン浸透を地域社会に拡大することによる地域包括ケアシステム構築

表彰理由

　鳥取県内に介護事業所拠点91を運営するほか、法人としては医療、保育、障がいサービスまで含め東京でも事業を展開している。正規職員1,066名、非正規職員368名。売上高76億円。理念ビジョンに基づく地域包括ケアシステム構築、QOL実現などを実践。

こうほうえんに関わる全ての人への『個の尊厳』、『互恵互助』への弛まぬ思いと実践

　社会福祉法人としての使命感とともに、「互恵互助」を職員の大半が日常の延長線上の当たり前として地域の暮らしに密着した貢献活動を通じて実践している。
　・法人の価値観をまとめた「互恵互助」冊子による全職員への

浸透

- 「個の尊厳」を根底に、利用者に良いことは「まずやってみる」とする組織風土
- 「責任は最後は俺がとる」というトップのコミットメント
- "行政に金がなければ我々、社会福祉法人がまかなってでも取り組む"姿勢
- 法人独自の減免制度による生活困窮者への対応
- 一般的には受入が困難な利用者の受け入れ

地域の信頼を得る利用者と家族の質の高い暮らし（QOL）の実現

　職員の高い意識に支えられ、利用者とその家族の共感と感動を与えるサービス品質を生み出し、高レベルのQOLを実現している。

- 入所前の利用者の暮らしを理解し、趣味・嗜好、育った環境、表情の変化から満足・不満足要因を把握
- 身体拘束ゼロ、オムツ廃止など、介護常識を覆し、『個の尊厳』重視による自分らしい生き方をサポート
- サービスを客観的に評価するDCM（Dementia Care Mapping）等による、サービス内容の妥当性検証
- 外部評価機関評価をもとにしたサービス改善とその公開による、透明性、健全性の強化
- 利用者・家族の終末に対する意向や医師の意見を交え、「看取り」まで寄り添う組織全体で取り組み実践する姿勢
- 看取り後も職員が家族に真摯に向き合い、家族のQOLを見守る心繋がるプロセス

組織ビジョン浸透を地域社会に拡大することによる地域包括ケアシステム構築

　「地域社会との互恵互助の信頼関係をもとにした地域包括ケアシステム構築」を2025年の法人の姿として、県内各都市において地域包括ケアシステムの構築のモデルケースを目指した活動を行っている。

- 地域包括ケアシステム構築のための国・諮問機関、県、市、業界、地元医師会へ日常的働きかけ
- 地域に密着し迅速なサービス提供を目指して導入したエリア制度

筆者コメント：地域包括ケアマネジメント研究会で、鳥取県米子市の本社および周辺の施設を視察しました。介護事業者としては日本トップレベルの規模を誇り、理事長は、国や地方行政への影響力を確保しているだけあって、介護施設だけではなく、リハビリテーション病院や地域社会に展開しているデイサービスなどの施設に優れた内容を見ることができました。

④2017年度日本経営品質賞非営利組織部門受賞

医療法人清和会長田病院（筆者注記：福岡県柳川で内科に絞った医療事業を展開）

代表者：病院長　木下　正治氏（筆者注記：受賞当時）

沿革・事業内容

〈業　　種〉医療機関
〈設　　立〉1985年
〈所在地〉福岡県柳川市下宮永町523-1

医療法人清和会　長田病院

〈売上高〉医業収入3,647百万円（2016年度）

〈従業員〉302名

特徴

- 地域から高い信頼を得た病院理念
- 患者インサイトと患者に寄り添う医療サービスの提供
- 終末期ケアへの組織的対応と他者への貢献
- 高品質の医療・ケアを実現する職員
- 地域の声を反映した病棟再編で高い患者満足を獲得
- 職員の自主性確立とワーク・ライフ・バランスへの配慮

表彰理由

　以下のような取り組みは、200床未満でケアミックス型の医療機関の新たなあり方を啓示するビジネスモデルとなりうる。地域社会からの高い評価、患者とその家族、職員の高い満足度の実現、これらを継続的に高め続ける組織力を創出し、売上・利益も堅調に推移している。同時に、医療業界を超え他の業界においても優れたビジネスモデルとして参考になる成熟度レベルにある。

地域から高い信頼を得た病院理念

　1985年に内科専門病院として柳川市に開設された医療法人清和会・長田病院は、2003年に法人内の２病院を統合して５病棟・182病床のケアミックス型（急性期・慢性期・療養型回復期など異なるケアを必要とする病棟を持つ）の内科医療機関として現在地に新築移転した。その際、当時、非常勤内科医を

していた木下正治・久留米大学医学部講師に対して、職員たちから院長就任の嘆願活動が起こり、現院長が請われる形で大学講師を退職して院長に就任した経緯がある。

以来、院長は15年にわたり、患者中心の医療サービスの向上、患者満足度の向上、職員のモチベーション向上など病院経営に取り組んできた。この間、病院理念として「私たちは地域と連携した専門医療を提供し、患者さんとご家族の安らぎを確保します」、事業ビジョンとして有明医療圏にあって「日本唯一の内科病院」「地域応援病院」を掲げ、病院全体が一体感を持って、理念とビジョンの実現に取り組み、地域社会から高い信頼を獲得する病院へと進化してきた。

患者インサイトと患者に寄り添う医療サービスの提供

同院は、患者に寄り添い患者中心の医療サービスを提供する「アドボカシー医療」を標榜し、患者の擁護者や代弁者となって、高品質の医療と真心によって、患者と共に満足と納得のいく医療に取り組んでいる（1996年の看護科学学会のシンポジウムで「アドボカシー」を患者の権利擁護と定義している）。

例えば、専門医療やチーム医療による高品質で安全な医療だけではなく、急性期・慢性期・終末期の医療サービスが切れ目なく提供できる体制や各病棟連携のベッド・マネジメントを安定的な財務業績を確保しながら行っている。同院は、救急隊との月例症例検討会を通して内科に係る救急患者を24時間確実に受け入れられる協力関係を確立し、救急患者ベッドを常に確保して急患に備えている。

さらに、患者や家族の潜在的なニーズまで把握・分析し、入院時点で、適切な入院病棟の選択、入院後の病棟移動、退院後

の在宅看護までを見通して、患者一人一人について最適なベッド・マネジメントをしており、患者の高い満足につながっている。これは患者インサイト（患者が認識していない問題までを理解する）が働いている状態にあるといえる。

終末期ケアへの組織的対応と他者への貢献

　また、地域の高齢化を見すえた「終末期ケア」に対応できる人材の育成に早い時期から取り組み、「終末期ケア」の知識とスキルを学ぶELNEC-J研修（EOLケアや緩和ケアを担当する看護師必須の米国発祥の能力育成プログラム）をいち早く取り入れ、九州で初めてセミナーを開催し継続し、地域の医療機関にも開放している。当院では看護師以外の職員へも参加を促しており、今までに看護師84名、他職種39名を育成している（2017年11月現在、在職看護師の48％が受講済み）。

　緩和ケアのスキルを緩和ケア病棟以外の看護師や、看護師以外の職員も身に付けており、組織のコンピテンシーとなって、患者視点に立った独自のベッド・マネジメントや患者対応のプロセスの強化に結びつけている。

高品質の医療・ケアを実現する職員

　これらの基盤は、地域社会全体を病院と見て、患者や地域住民の安全安心の実現に取り組むスキルや能力を身に付けた職員の存在である。同院では、先輩後輩のペアで、院内の委員会やプロジェクトに参加し、OJTの機会としている。その成果として、例えば、入院当日の病室移動ゼロ、高齢患者の嚥下機能改善によるQOLの向上、入院依頼へのスムーズな対応、呼吸器に関するアクシデント・ゼロを達成するなど、医療・ケアの質

の向上を実現している。また、外部研修へは異なる部門のペアで派遣し、受講後は導入方法までを検討して研修報告させている。

地域の声を反映した病棟再編で高い患者満足を獲得

地域の声を様々な仕組みで収集し、それらを委員会で分析して、地域の要求に応える医療サービスの開発に結びつけた結果として、2014年から3回にわたり病棟の再編を行い、急性期から緩和ケア、地域包括ケア病棟までを整え、行政の政策に先駆けてシームレスな医療サービスの提供に取り組み、外来・入院患者の高い満足を実現している。

新開発のサービスは、地域社会に提供するという独自の考えもあり、院内の活動で得られた知見を「寺子屋健康塾」や市民公開講座等の様々な活動を通して地域に提供したり、職員がファシリテーターとして地域に飛び出し、主催を病院の職員から地域住民にバトンタッチすることで、地域住民が主体となった柳川市独自の地域包括ケアシステムの構築に貢献したりしている。

例えば、地域包括ケアシステムの地域住民への啓発を目的として、2014年7月から地域懇談会を開催したが、地域住民主体での開催へとバトンタッチし、さらに、懇談会でリーダーとなった志が高く地域に人脈を持った方々を対象に「清和会サポーター制度」を創設している。

職員の自主性確立とワーク・ライフ・バランスへの配慮

職員に考えさせるリーダーシップ・スタイルの下で、病院の経営革新は、現場職員の自主的・主体的な業務推進に加え、①

日常業務の中で問題を認識したら「ワイガヤ」でアイデアを出し合い問題解決する仕組みが定着し、②組織全体の課題は職員の70％が参加する各委員会やプロジェクト活動、専門医療チームを通して、改善改革活動を展開している。③職員がそのとき重要と考えるテーマを全職員で話し合う場「ワールドカフェ」が定期的に開催され、職制や機能別のプロジェクト・委員会ですくい上げられない情報やナレッジをすくい上げている。

　当院ではまた、職員とその家族も顧客と定義して、ワーク・ライフ・バランスに配慮した勤務制度の多様化、「トータル人事制度」（複線型人事制度、管理職任期制・管理職定年制および再任制、奨学金制度など）」を導入し、院内保育（時間延長や臨時保育を含む）の整備などを進め、職員の育成と登用を図り、職員の進む方向軸を定めて組織変革に取り組んでいる。

筆者コメント：当病院が経営品質賞を受賞した年に、地域包括ケアマネジメント研究会メンバーで視察を行いました。訪問して、初めて病院のロビーに入った時の第一印象は、フロア全体から醸し出す柔らかく、優しい雰囲気でした。その後、各フロアを見学し、説明会を受けて、質疑応答に臨んでも第一印象が崩れることはなく、「本当に素晴らしい病院なんだな」と実感しました。

　当院は内科系の病院で、救急病棟、回復期病棟、慢性期病棟、介護ケア病棟をそれぞれ備えています。

　また、当院は「地域全体を病院とみる」というコンセプトを持ち、院長をはじめ、ドクターや看護師、MSW（メディカルソーシャルワーカー）などが、積極的に地域社会へ出かけ、健康教室や健康診断、認知症予防セミナーなどを展開しています。

　我が国では、永田病院が医療組織では３社目の受賞ですが、先行して受賞している病院と共通の優しい雰囲気があります。

⑤2018年度日本経営品質賞大企業部門受賞

株式会社スーパー・コート介護事業本部（筆者注記：経営品質を２回受賞しているスーパーホテルの子会社です）

代表者：代表取締役 山本 健策氏（筆者注記：受賞当時）

沿革・事業内容

〈業　　種〉医療・介護、有料老人ホーム／高齢者住宅の運営・管理
〈設　　立〉1995年
〈所在地〉大阪府大阪市
〈売上高〉138億円（2017年度）
〈従業員〉1,362名

特徴

・グループ企業のノウハウ活用により高品質サービス提供
・対話による方針共感度向上
・理想人材像の独自設定と育成
・リーダー育成による好業績達成
・グローバル人材確保への独自プロセス
・民間企業ならではの介護保険を超えたサービス開発
・長期的顧客対応視点に基づく対応

表彰理由

　同社の表彰理由は以下の通り

グループ企業のノウハウ活用により高品質サービス提供

　都市部からのアクセスが良い立地で、「安全・清潔・イキイキした生活」をコンセプトに、創業者が自分の親を預けたくなる介護施設を目指して設立された。入居のハードルを下げ、年金の範囲内で無理なく支払い続けることができる低価格で、グループ企業であるスーパーホテルの建築設計ノウハウ、賃借ノウハウ、接客ノウハウや社会福祉法人聖綾福祉会（1996年設立）での介護ノウハウの蓄積を生かした高品質なサービス付高齢者住宅を2000年から京阪神エリアに限定して49施設展開している（2018年11月現在）。顧客を「ADL（日常生活動作）が低下したため家庭での介護困難な群」「認知症の進行により家庭での介護困難な群」「医療が必要であるが入院を断られて家庭での介護困難な群」と明確に定義している。

対話による方針共感度向上

　経営幹部の行動の原理原則を「徹底した現場従業員との話し込み」と考えており、現場従業員が月1回以上の経営幹部や上司との面談を行い、会社方針への共感度を向上させる取り組みが実施されている。ただし、同調圧力が高まらないように、施設長に対しては、上司からのパワハラ監視に加えて、対策として全施設長に傾聴研修がなされている。

理想人材像の独自設定と育成

　自律型感動人間を育成するために、個人には10項目からな

る目標をチャレンジシートで展開し、現場の介護力を測る指標として社員意識調査で「自律型感動人間度」を確認している。社員同士で仲間への感謝の気持ちを伝えるサンクスバッジ、月刊誌『致知』を朗読する社内木鶏会、５Ｓ活動、ワークアウト、委員会活動、役員がすべてに目を通してポイントと実権を与えるフジキャタ提案（富士山の頂上に脚立をのせたら日本一高いところに立てる＝元あるものに少しのアイディアを加えることで素晴らしいものが生まれる）などの活動を展開している。ケアマイスターについては、取得率が80％以上に達したために、2018年度より、量から質に、ブロンズ、シルバー、ゴールド、プラチナ、マイスターのグレードごとにポイントを付与したケアマイスター・ポイントに変更した。また育休・産休面談ツールを作成し、施設長を対象にした育休・産休研修を実施し、休暇中の社員にも社内報を配信し、職場復帰しやすい環境を提供し、大阪労働局から「えるぼし」企業に認定されている。※えるぼし認定＝女性活躍推進企業を認定する制度

　こうして80％以上の従業員満足を目標とし、改善を図った結果、目標を超える85％に達している。49施設の中にはSC神戸北のように、既存の介護付有料老人ホーム（有限会社ライフの「ハーモニアス谷上」）の施設と職員（元オーナーの施設長を含む）を引き継いだところもあるが、３ヵ月でESが17％から85％まで跳ね上がった。

リーダー育成による好業績達成

　離職率は16.8％と全国平均17.2％よりも低い。しかし、施設長が育成途中の３施設の離職率は顕著に高く（この３施設を除くと14.3％）、施設長が鍵になっていることがわかる。このこ

とからも施設長育成には力を入れており、施設長の運営力の標準化と能力向上のために、６段階のグレードの施設長ライセンス制度を導入している。経営理念、介護福祉の知識、施設運営能力等を筆記試験で確認し、施設運営のプロセス・実績と合わせて総合的に評価している。さらに2017年度からは、エリア・マネージャー・ライセンス制度も導入した。その結果、顧客満足度も年々向上して80％を超え、ミステリーショッパーズの調査結果でも、過去３年間はスーパーホテルや同業他社（賃金同水準）を上回っている。その結果、施設稼働率も目標を上回る状態を３年連続でクリアしており、2018年９月には95.8％に達している。その結果としてROI12％（業界平均は1.76％）の高い財務的結果を出している。

グローバル人材確保への独自プロセス

グローバル人材の採用に関しては、ブローカーや組合を通さず、９年前に採用したフィリピン人男性正社員が、フィリピンに直接赴き、自社の人材基準への適合を見極め、面接・採用している。（ミャンマーにはスーパーホテルが出ているので、人材を見極める機会もある。）ビザの手配や住環境、さらに全額会社負担で、日本語研修を外部研修機関と提携して、特に介護業界で使う言葉の読み書きの研修を実施している。

入社後３週間は応対・接遇・安全・衛生管理・報告書作成等の研修を行うが、さらに全グローバル人材を対象に介護技術向上のための「イキイキ介護スクール」を中心に育成・教育している。グローバル人材向けのケアマイスター試験を実施し、現在まで、シルバー３名、ブロンズ４名のクラス認証が出ている。留学生受け入れから３年を経過し、現在155人の留学生が

おり、3〜5年で正社員になることを目指している。

　将来は1,000人規模のグローバル人材を目指しているが、人材不足は介護業界全体の問題なので、こうして育成した人材を他社に派遣することも考えている。またグローバル人材（フィリピン人女性）が、恩返ししたいと西成区で月に1度おにぎりを配り始めた個人活動が、今は会社ぐるみの社会貢献活動に発展している。

民間企業ならではの介護保険を超えたサービス開発

　民間企業が取り組むことの利点は、介護保険なしでも、フィットネス・ジムや天然温泉（大阪で週2回）といったサービス開発をし、横展開できる速さである。最近では、ある施設でグローバル社員（フィリピン人女性）が提案して新レクリエーション「英会話」を始めると、認知症対策として良いとして、すぐにグローバル社員が配置されている他施設にも横展開した。また、入社3年目の社員が、施設のイベントで作った「猪名寺音頭」が良い取り組みだということで、すぐに「スーパー・コート音頭」として水平展開している。

長期的顧客対応視点に基づく対応

　ずっと面倒を見てくれる安心感を大事にしているので、10年先を見越して、「重度認知症群」「重度医療・ALS群」への対応も始めている。認知症ケア専門士を2020年度には70％以上の施設に各1人以上配置することを目標として取り組んでいる。また、重度医療については2012年7月よりSC東住吉2号館、2018年7月より京・西京極で対応を開始し、ALSについては2018年6月よりSC高石羽衣で受け入れを開始している。

筆者コメント：大阪地域を中心に展開している介護事業者です。親会社のスーパーホテルの顧客対応や人財育成を踏襲して経営を改善しています。介護施設をホテル目線で運営しているところに特徴があります。例えば、昭和30年代から40年代の内装を復元した部屋を複数準備し、当時のテレビや冷蔵庫などを置き、高齢の入居者が現役のころの当時の雰囲気を思い出す（回想療法の一種）ことで、元気が出るようにしています。また、スーパーホテルが温泉付きであるように、ここでも温泉地から給水車で温泉を運んでいて、ご利用者に好評を得ているなど介護業界としてユニークな取り組みを各所にみることができます。

⑥2020年度日本経営品質賞非営利組織部門受賞
国家公務員共済組合連合会横須賀共済病院
代表者：長堀 薫氏

沿革・事業内容
〈業　　種〉医療
〈設　　立〉1906年
〈所在地〉神奈川県横須賀市
〈売上高〉271.6億円、経常利益8.4億円（2019年度）
〈従業員〉1,606名

全体的な強み
【職員と危機感を共有し、病院再生に着手】
【地域連結型医療体制の構築を推進】
【病院理念への職員の共感と組織活性化】

表彰理由

〈特徴・成果〉

- 地域医療の中核を担う総合病院として、先端医療・がん治療・救急医療を3つの柱として、高度で先進的な医療を提供。三浦半島入院患者シェアは50％を超える。病床数は740。

- 病院の方向性が定まらず、医師不足等多くの問題を抱え赤字寸前の危機に陥っていたが、2013年に現病院長の長堀薫氏が赴任し、経営改革がスタートした。

- 職員の意識改革や患者紹介・退院患者受け入れを行う他施設との連携強化により、平均在院日数を短縮（2013年12.4日から2019年9.4日）してベッドを確保、これまで20％断っていた救急車の全応需を可能にし、救急車受入台数は年間1万台を超え、手術件数は年間7,500件に達している（全国30位以内を継続）。

- 全職員がホスピタリティを持ち、成長や達成感を味わえる病院を目指して、ホスピタリティ研修や手厚いキャリアップ支援を実施。現在、入院患者満足度は96％、14％台だった看護師の離職率は8％台へ低下。

- 内閣府のAI事業にも一般病院として唯一参加し、AI技術を活用した業界における課題解決や生産性向上に取り組んでいる。

　神奈川県の横須賀・三浦医療圏で高度急性期医療を担う740床の総合病院。2013年には救急車を20％以上断り、手術も10％減り、職員の士気も落ちており、赤字寸前の状態だった。現病院長の長堀薫氏が2013年に他病院から同院に戻り、病院の再生が始まった。

2015年から掲げるビジョン「高度急性期病院であること、マグネットホスピタルを目指すこと」がこの病院の今をよく表している。

職員と危機感を共有し、病院再生に着手

　2013年11月に院内で緊急集会を開き、①小児科医師確保、②救急車全応需、③手術件数増加の３つのポイントをクリアしないと赤字に転落し、新しい医療機器も導入できないし、採用もできず、賞与も減るかもしれないと訴え、職員の意識を変えることから病院の再生が始まった。まず、①小児科医師を確保するために、長堀病院長自らが大学病院をはじめ関係各所に働きかけ、翌年から４人派遣してもらえるようにした。②「救急車を断ったら、翌朝その理由を院長に説明しに来るように」と伝え、救急車全応需の方針を徹底した。③外科に紹介してくれる開業医約70軒を病院長自ら訪問することで、患者を紹介してもらえるように取り組んだ。

　こうした取り組みによって、手術件数が増加するにつれ、専門医認定病院の同院に意欲的な若手が集まるようになり、救急も活性化してきた。経営も上向いたことで、最新鋭CTやMRI、ダ・ヴィンチ（手術支援用ロボット）などの最新機器を導入できるようになった。2016年には入院患者のためのICUや精神科病棟10床の新設を行い、総合入院体制加算１を取得するに至った。

　現在は外科手術だけで年間1,500件超、全体で年間7,500件の手術を行うようになり、全国30位以内の状態である。三浦半島における急性期患者シェアは54％で、13期連続黒字を実現している。

地域連結型医療体制の構築を推進

　全病床を全診療科対応の病床一元管理とすることで、冬場の平日の病床稼働率（ICU系を除く）は100％を超えている。また、地域完結型医療を目指して「横須賀共済病院に文句を言う会」から始めた医療連携会議の定期開催や地域連携パス等のITネットワークの構築により、周辺の10協約病院、15連携医療施設、578人の登録医を確保しており、三浦半島内に立地する医療機関（医科限定）のうち、同院と連携登録している施設の割合は75％を超えている。三浦半島約3,000床の70％に相当する2,091床が連携し、同院からスムーズに転院させることで、平均在院日数9日台を維持している。週2回の頻度で患者の満足度向上に向けた改善活動を行っており、入院患者の満足度は96％に達している。

　中期戦略課題を解決すると次年度の項目から削除され、病院全体のモニタリング指標と連動するようになっており、電子カルテ連動の独自のアプリにより、瞬時にモニタリング指標として作成・分析できるようになっている。

　また、内閣府の「AIホスピタルによる高度診断・治療システム」に5病院（他は国立病院、大学病院、がん研）の一つとして参画し、AI技術を活用した音声による診療記録の自動入力化を通じたさらなる生産性向上を目指している。

病院理念への職員の共感と組織活性化

　かつて看護師の離職率が14％と高く、5年目で辞める人が多かった。そこで、4～5年目の看護師をディズニー・アカデミーのホスピタリティ研修へ毎年50人程度派遣したり、看護部長・看護師長をはじめ、管理職層へのシステミック・コーチ

ングの導入などを行うことで、職員の意欲が高まり、離職率は8.7％に下がり、応募倍率は1.5〜２倍になった。また、希望する職員に対しては、国際医療福祉大学の社会人大学院のh-MBAコース（２年間）の就学支援も行っている。

　今では、病院理念「よかった。この病院で」に職員が共感し、それに必要となる先端医療・がん治療・救急医療の３つの中心医療を供給する体制が整備され、常に改善する仕組みができている。職員が企画する「おしゃべりカフェ」や病院まつりを通じて、部門や職種の垣根を越えた組織の活性化につながっている。

　また、ダイヤモンド・プリンセス号の新型コロナ感染者の対応としてD-MAT隊の派遣を行った他、新型コロナ感染者を受け入れた当初は、医療従事者に対する偏見もあったが、早くから積極的な情報発信に取り組むことで、多くの施設・企業から支援や励ましの声が届くなど地域の共感を得て、地域と一体となった医療サービスを提供している。

5）ホテル業

①2015年度日本経営品質賞大規模部門受賞
株式会社スーパーホテル（筆者注記：宿泊機能に特化したビジネスホテル。今回で２回目の受賞です。）
代表者：代表取締役会長　山本　梁介氏（筆者注記：受賞当時）

沿革・事業内容
〈業　　種〉ビジネスホテル
〈設　　立〉1989年

〈所在地〉大阪府大阪市
〈売上高〉249億円（平成27年３月末日）
〈従業員〉1,515名（平成27年３月末日）※業務委託・パート・
　　　　　アルバイト含む

特徴
・「１円当たりの顧客満足日本一」にむけた理念、仕組み、体制の一体化
・IT活用による模倣困難なローコストオペレーションとマネジメントノウハウ
・顧客満足を目指したチーム──「自律型感動人間」集団の拡大
・新たなホテルスタンダードを目指した「Lohas（ロハス）価値」の追求

表彰理由
　スーパーホテルは、国内ビジネスパーソンを対象に低価格でも「安全・清潔・ぐっすり眠れる」顧客ニーズに応える独自のビジネスモデル構築で2009年に日本経営品質賞を中小規模部門で受賞した。ところが、リーマンショックを機にシティホテルの低価格戦略で競争が激化。それを需要と競合ホテルの動きを考慮した変動価格設定ができるイールド・マネジメントの導入で凌ぎ、稼働率は向上した。しかし、イールド・マネジメントの導入は、顧客が求める価値を「価格から品質に」変える両刃の剣であり、経済性だけを追求すると、「ホテルチェーン全体」の経営品質が失われる。
　そこで価値を「低価格」から「１円当たりの顧客満足日本一」へと転換し、社内評価指標も「稼働率」から「顧客からの

外部評価」へと変更した。今回の受審がホテルチェーン全体（大規模部門）に変わっていることが象徴するように、顧客と接するアルバイトにまで拡大した人材育成の仕組みづくりや店舗経営支援、全員で共有できる顧客情報システムの構築により、ホテルチェーン全体で「１円当たりの顧客満足日本一」を提供できる体制を整えた。同時に、イールド・マネジメント導入に当たって、ターゲット顧客を改めて、国内ビジネスパーソンと再確認し、急増する女性客も意識している。高価格で贅沢なサービスではなく、Lohasな価値を提供するもの──健康で安全な食事、環境に配慮した建物等──に資金を投入しており、男性客もその価値に共感し始めている。また、インバウンド需要でホテル価格が上昇する中でも、団体客は受け付けず、国内ビジネスパーソンが泊まりやすい価格帯に抑えた運営を続けている。

　この結果、ビジネスパーソンの満足度やリピート率は高水準を維持、J.D.パワーの2014年度ホテル宿泊客満足度No.1（１泊9000円未満部門）、JCSI（日本版顧客満足度指数）2014年ビジネスホテル業界顧客満足１位、同サービス32業種満足10位、同サービス32業種将来の再利用意向２位を獲得した。ビジネスモデル構築で日本経営品質賞を受賞した2009年以降の顧客本位にむけた経営変革は、経営品質活動の進化した姿であり、サービス業全体、組織変革をめざす組織のベンチマーキング対象となる。

「１円当たりの顧客満足日本一」にむけた理念、仕組み、体制の一体化

　「１円当たりの顧客満足日本一」という理念を掲げ、顧客視

点に立った利用しやすい予約システム、ビジネスパーソンに直前までお部屋を確保し、泊まりやすい価格帯を提供する仕組み、過去の宿泊履歴を見ながら会話できる接客体制が一体となって運営されている。結果として、高いリピート率を維持、JCSI調査、J.D.パワー調査の結果ともに2014年は初めてNO.1を獲得。ワンランク上のホテルを含めた競合ビジネスホテル比較でも、稼働率、客室当たり単価で業界No.1を獲得している。

IT活用による模倣困難なローコストオペレーションとマネジメントノウハウ

「１円当たりの顧客満足日本一」になるために、運営計画と適正人員配置、予約管理・残室管理・チェックイン・顧客管理に店舗会計を統合した「ホテルシステム」などの自社開発のITシステムを導入している。また、ノウハウを生かしたローコスト化と居心地・快適さを両立させる設計・建築で店舗開発ノウハウを強化してきた。結果として、営業利益率も2009年以降、業界平均を大きく上回っている。

顧客満足を目指したチーム――「自律型感動人間」集団の拡大

2009年度以降も継続する「自律型感動人間」の育成をアルバイト・アテンダントまで拡大した。具体的には、理念・価値観の浸透と、支配人・副支配人のライセンス評価、正社員・アルバイトの目標管理制度を進化させた。結果として、離職率は2009年から大きく減少、各層別の従業員満足度調査も高水準を維持し続けている。

新たなホテルスタンダードを目指した「Lohas（ロハス）価値」の追求

2009年から「Lohas（環境・健康）価値」を提案、経営幹部自らのリーダーシップで外部専門家との協働で商品・サービスを開発・改良を行っている。長期的には「Lohasブランド」、短期的にもLohas名称のホテルで共感する女性客の利用が5年間で2倍にも拡大、ビジネスパーソンもこの価値に目が向き始めている。今では社員一人ひとりがビジネスを行姉地面とけんきゅうかう際の目指す姿となり、新たなホテルスタンダードの構築に取り組んでいる。

筆者コメント：各地で何度か宿泊していますが、地域包括ケアマネジメント研究会のメンバーと大阪市内のホテルをベンチマークしたことがあります。チェックインやチェックアウトは自動化されていますが、フロントには女性スタッフを配置し、好感度の高い接客をしています。部屋は宿泊に特化しているだけあって睡眠に配慮した設備や照明に特徴があります。枕やパジャマはフロントで選択して部屋へ持ち込むシステムとなっています。どの都市のスーパーホテルに宿泊してもサービス水準にばらつきはなく、確かに眠りは深くなります。

6）自動車販売（部品販売含む）業

①2013年度日本経営品質賞大規模部門受賞

滋賀ダイハツ販売株式会社（筆者注記：現社長の父君である先代の社長が、ダイハツ直営の兵庫ダイハツを再建したことは業界内では、つとに有名な話です。）

代表者：代表取締役社長 後藤 敬一氏（筆者注記：受賞当時）

沿革・事業内容
〈業　　種〉カーディーラー
〈設　　立〉1954年
〈所在地〉滋賀県栗東市
〈売上高〉171億7,589万円（2012年度）
〈従業員〉正社員391名（2013年5月末現在）

特徴
・社員のやる気を引き出し、組織の魅力的価値を高める独自の
　革新活動を全社で展開
・車検・整備業務の標準化活動から進化し、部門間連携による
　顧客満足要因の磨き上げ
・顧客との親密な関係を創り出すため、カーライフを豊かにす
　るサービスの自社開発
・現場の主体性と自立性を高めるボトムアップ型マネジメント
　スタイルを確立
・賢明で思慮深いメーカーとの信頼関係作りによって戦略の独
　自性を担保

表彰理由
　滋賀ダイハツ販売株式会社は、ダイハツ工業㈱の地域ディー
ラーとして、主に軽自動車の直販、県内自動車販売店・整備工
場への業販、車検・整備などのアフターサービス事業を展開し
ている。
　2000年に経営品質向上活動に出会って以来、CSを経営の柱

にすべく経営品質の考え方にもとづいた経営を実践している。先進企業へのベンチマーキングや関西経営品質賞、日本経営品質賞への挑戦で学んだことをすばやく取り入れ、社員を中心に顧客起点の革新を進めてきた。その成果として、全国ダイハツディーラーの中では、常に地域シェアとCS調査のランキング上位の両立を維持し、優秀ディーラーのポジションを確立している。顧客接点活動の活性化、変革の進め方などは、業種・規模を超え多くの組織の範となる。

社員のやる気を引き出し、組織の魅力的価値を高める独自の革新活動を全社で展開

　来店集客型で多店舗を展開する事業として、基幹プロセスの顧客対応力・営業力の品質向上と店舗間レベルの高レベルでの平準化をはかるため、組織横断のプロジェクト活動に力を入れている。特に、女性ユーザーが多い軽自動車の特徴に着目し、幅広い年代の女性顧客への接客サービスや店舗空間の居心地の良さを高める活動を担うカフェプロジェクトは、当社の中核的な価値創造システムになっている。

　各店舗から参画する女性スタッフが顧客の声に耳を傾け、自分たちのアイディアや工夫を加えて様々な改善提案を行う。女性目線でのサービス改善が好評価につながり、さらに活動のやりがいや働く楽しさにつながっていく好循環をもたらしている。こうした積極的ではつらつとした姿勢は、カフェプロジェクトメンバーに限らず多くの社員に見られ、顧客に対する心からのおもてなしの雰囲気と、新車購入時の高い顧客満足度につながっている。

車検・整備業務の標準化活動から進化し、部門間連携による顧客満足要因の磨き上げ

車検・整備で来店した顧客をお待たせしないこと、徹底した安全・安心のサービスをお届けすることを最重要の満足要因として、サービス業務を標準化するサービススタンダードを全店で展開している。他県ディーラーに先駆けて導入した当初は店舗間のばらつきが出ていたが、顧客や車種の特性、組織体制に合わせて粘り強く改善・磨き上げに取り組んできた。これは、整備部門だけではなく、入庫予約を促進する営業活動、入庫前スケジュール管理、来店時の受付対応と店内各所との情報共有、店舗整備部門と車検センターの分業・協力体制、店舗改善推進室による定期的な支援など、緊密な部門間連携によって実現している。この結果、全国ダイハツディーラーの中でトップクラスの完成度と、車検・整備時の顧客満足度の高さを実現している。

顧客との親密な関係を創り出すため、カーライフを豊かにするサービスの自社開発

ヒット商品・人気車種のあるなしに関わらずに、安定した経営ができるよう顧客との緊密な関係作りに力を入れている。地域柄、自動車は人々の暮らしに欠かせないため、生活に密着したカーライフを豊かにする様々なサービス開発が行われている。事例として、当社独自のDメイトポイントカード制度や、オリジナルのカーライフ情報誌「カルフェ」の発行などがあげられる。また、メーカーが提供する点検・整備のサービスパック商品を独自に発展させ会員特典の付加や中古車用パックなどを開発している。これらのサービス開発には、長期的・継続的

に運用可能な制度設計のノウハウや、様々な関連する業務プロセスの改善が必要だが、これまでの顧客情報の蓄積や社内の知恵を集めることで実現している。

現場の主体性と自立性を高めるボトムアップ型マネジメントスタイルを確立

かつてトップダウンのスタイルだった組織運営を、現場が主体となり自立的な社員を起点としたボトムアップ型の経営に変革している。現場の業務単位を分社とし分社長を中心に営業実績や利益額に責任を持たせ、店舗全体は店長がマネジメントするマトリックス型の組織を作り上げている。顧客からの声や競合に関する情報などを元に、現場で起きている課題に対してレビューと対応策を毎月検討するシステムとしている。直販、業販、整備、支援業務など業務内容が大きく異なり、かつ多店舗を展開している事業形態として、合理的な組織体制と言え、それが機能することで現場からの声が本部や経営幹部にも届きやすくなっている。

賢明で思慮深いメーカーとの信頼関係作りによって戦略の独自性を担保

最も重要なパートナーと位置づけるダイハツ工業との深い信頼関係を築くための、賢明な対メーカー戦略がとられている。経営の自主性と地域特性などを踏まえた戦略の独自性を確保するために、率先してモデルケースを引き受け、自社にとってあるいは全ディーラーにとってメリットのある施策や制度となるように、積極的にメーカーに対して制度やシステムの改善や逆提案を行っている。販売台数などメーカーからの期待には確実

に応える優秀ディーラーであり、メーカーの新施策を先行モデルケースとして積極的にトライしてくれる模範的なディーラーのポジションを常に維持している。

②2016年度日本経営品質賞　中小企業部門
株式会社カワムラモータース　（筆者注記：ホンダカーディーラー）
代表者：代表取締役社長 河村 将博氏（筆者注記：受賞当時）

沿革・事業内容
〈設　立〉1964年（1992年に株式会社へ改組）
〈本　社〉所在地福井県三方郡美浜町河原市17-3-1
〈事業拠点〉美浜店（福井県三方郡美浜町）、敦賀若葉店（福井県
　　　　　　敦賀市）の２店舗
〈資本金〉2,000万円
〈売上高〉79,300万円（2016年３月期）
〈従業員〉28名（2016年６月現在、パート社員を含む）

表彰理由
　株式会社カワムラモータースは1964年の創業以来、モータリゼーションの波にのりオートバイから自動車の整備ならびに販売と事業を発展させてきた。1985年には本田技研工業株式会社とのディーラー契約を結び、敦賀市への出店を機に株式会社化、現在はHonda Cars若狭として、美浜と敦賀若狭の２店舗を展開している。
　福井県経営品質賞知事賞受賞（2011年度）やハイ・サービス日本300選（2008年度）に選出され、ICTシステムの活用で著名な当社だが、2012年度より「個人の生き方」を構成要素

として組み込んだ新たな経営理念体系を構築し、「組織」「仕組み（システム）」とあわせた3つの構成要素の高度なバランスを保ちつつ、「心温まるカーライフを創る」という価値創造に向けて、独自のコンセプトに基づく戦略ストーリーを展開している。

「トラブルフリーのクルマづくり」から「心温まるカーライフづくり」へ顧客価値を転換

　「トラブルフリーのクルマを創ろう」をミッションに、独自のICTシステムを活用したメンテナンス主体のビジネスモデルを構築していた当社だが、顧客が真に望んでいるのは、「カーライフを通して生活を豊かにすること」であると捉え、他社と競合しない「感動提供」を重要な提供価値と位置づけた新経営理念体系（「心温まるカーライフを創ろう」）を社員全員参加で策定した。

　新たな経営理念を具現化する取組みの一環として、メーカー主体の商品を顧客の視点から再構築し、顧客の細かなニーズに柔軟に対応可能な独自コンセプトのメンテパック商品（メンテパスポート）を社員全員で開発した。このベースには社長自らビジネスパートナーと協働して独自開発したICTシステム「ClearBox」があり、お客様と接する現場の要望を社員1人ひとりからヒアリングして、顧客利便性が高く、他社にまねのできないサービス商品の開発につなげた。職種に関係なく全社員でつくり上げたという自負心を胸に、社員一丸となってメンテパスポートの受注・対応に日夜取り組んでいる。また、予約外の来店顧客対応を含め、サービスフロントが中心となって整備工場のスケジュール管理を行い、その結果として、有効顧客

数・有効車両数や基盤収益率で全国的にもHONDAディーラートップクラスの改善につながっている。

スパイラルアップによる「組織」「個人」「仕組み」の絶え間ない進化

経営理念の構成要素である「組織」「個人」「仕組み（システム）」をスパイラルアップで繋ぎ、価値を高めていく「スパイラルアップの物語」という考え方で当社独自の戦略ストーリーを展開している。拠点長を廃止し、社員個々の自主自律を尊重した「サッカー型組織」への転換とともにスタートしたこの物語は、「個人」（「いつどこ個人目標設定」スタート）、「仕組み」（「メンテパスポート」企画開発・運用）と繋いで1stスパイラルが完了し、現在は、2ndスパイラルを展開中である。

隔週開催の「リーダーモーニング（リーダー同士による対話と意思決定の場）」において、「スパイラルアップの物語」が正しい方向に向かっているか振り返りを行うとともに、社長が社員全員との面談を通じた本音のやりとりの中で、共有情報に表れない社員の声を把握し、組織全体の振り返りに活用している。振り返りで明らかになった課題は、「スパイラルアップの物語」へ反映し、より高次の価値創造を目指している。

また、社員主体による「本基プロジェクト（基本を本気で大切にする趣旨でスタート）」における朝礼改革や行動基準づくり、お客様向けのイベント「感動提供感謝祭」等を通じて、「感動提供」の重要な基盤となる、個人・組織の「真摯さ」が醸成され、「スパイラルアップの物語」の重要なキャストとしての役割を社員一人ひとりが果たすべく意識改革が進んでいる。

こうした取り組みの結果、日常の職場ミーティングや全社

ミーティングなどにおいても本音の対話による「対話の質の向上」が実現するとともに、「ESアンケート結果」や「個人目標結果」における著しい改善がみられる。

③2018年度日本経営品質賞中小企業部門受賞
トヨタ部品茨城共販株式会社
茨城県東茨城郡　自動車部品販売
代表者：代表取締役社長 駒月 純氏

沿革・事業内容
〈業　種〉自動車部品販売
〈設　立〉1981年
〈所在地〉茨城県東茨城郡
〈売上高〉193億円
〈従業員〉250名（正社員159）

特徴
・トヨタ部品共販グループのトップクラスの成果
・TPSをベースとした独自の「全社員改善マン」育成
・独自の「お役立ち活動」
・「お役立ち活動」による「顧客価値転換」
・販売店を巻き込んだ地域貢献

表彰理由
　同社の表彰理由は以下の通り

トヨタ部品共販グループのトップクラスの成果

　1981年にトヨタ自動車株式会社と茨城県のトヨタ販売店が50％ずつ出資して設立した会社で、茨城県内のトヨタ車販売店への部品供給と部品商・整備工場へのトヨタ純正部品の供給を主な業務としている。正社員153名、再雇用社員７名、パート社員53名の、計213名（2018年）。売上高約193億円、経常利益約3.7億円（2017年度）。※トヨタ部品共販は地域別に設立されており、全国で33社。

　当社は、本部倉庫の大改造や県内180店舗の販売店に１日２回自社便で直送する配送の改善などで、物流オペレーション面では、月間約30万点の受注に対して、即納性（当日中の納品率約95％）と品質（出荷ミスはわずか４点以内）で、トヨタ自動車からも最高レベルの評価を得、2012年度から2017年度まで連続して優秀店表彰（営業・供給・品質・生産性のすべてが全国５位以内）を受けている。

　TPSをベースとした独自の「全社員改善マン」育成

　そうした物流オペレーションを支えるのが、独自の「人づくり」システムである。「改善マン」は、基礎級（問題発見）／初級（問題解決）／中級（プロセス改善）／上級（経営改革）の４レベルに区分され、段階的に習得のレベルアップを図る仕組みである。当社では、「自ら問題解決のできる改善マン」が現在19名おり、それを「全社員改善マン」を目標にロードマップ作りを行い、当面３年間で70名規模（正社員の約半分）に拡大すべく、マネジメント教育・リベラルアーツ系教育に年間約2,000万円の積極的な教育投資を行っている。個人単位のパーソナルカードを作成し、自主的なベンチマーク（国内であれば、担当者の判断で自由に出張できる）、グループ会社や顧客

などへの出向も行っている。

独自の「お役立ち活動」

　こうした改善マンが、2014年からは当社独自の「お役立ち活動」として、販売店だけではなく、外販先（部品商と整備工場）といった顧客の内部に、2〜3ヵ月入り込み、トヨタ式の業務改善手法を駆使して、顧客の業務プロセスそのものを改善し、ノウハウを移植している。販売店に対しては更に深く入り、板金工場に対する工程改善支援、台あたりセット供給によるお客様の部品仕分け工程の削減、最近では、ガソリンスタンドの廃業でタイヤのバーストが増加しているというJAFの調査結果に着目して、販売店の社会的使命として、販売店で入庫車両のタイヤの残溝チェック徹底を提案し、結果としてタイヤ販売にもつながり、販売店の中には、タイヤの売上が30％も伸びた店舗があるなど、実績を向上させている店舗が続出している。

「お役立ち活動」による「顧客価値転換」

　「お役立ち活動」に関しては、外販顧客（部品商、整備工場）のニーズをパターン化（現在118パターン）した上で、形式知化し、取引先業務改善発表会（年間20件以上）、情報発信会で発信し、部品商、整備工場に展開している。「お役立ち活動」は、販売店の各店舗におけるタイヤ、カーナビ、ドライブレコーダーなどの販売手法・話法・ツール・講習などを標準化したパッケージを提供する政策的サポートを行っているが、こうした本来フランチャイズ・チェーンでいえば本部が担うような機能にまで活動範囲を広げている。こうした活動によって、顧客の20％を占める外販ルートに対しても、部品の価格ではな

く、サービスで取引をしてもらうという「顧客価値転換」に挑
戦していて、外販顧客の担当者に共感していただくことで、他
社との価格比較を行うことなく発注してもらうケースも増えて
いる。

販売店を巻き込んだ地域貢献

　さらに、顧客である販売店のその先にいるエンドユーザーの
「顧客価値転換」をも志向して、販売店の楽しく温かい店舗づ
くりに向けた支援を強化している。その先駆けともなるチャレ
ンジが、社会貢献活動として県内7社の販売店と合同で2015
年から始め、事務局を務める一般社団法人「茨城ワクドキクラ
ブ」である。例えば年2回開催しているオートキャンプ場での
アウトドアフェスのように、大人だけではなく子供も参加でき
るイベントを開催し、10年後の潜在顧客が、来店したくなる
店舗づくりを支援している。ワクドキクラブは、町一番を目指
して変革にチャレンジし続ける店舗をトヨタが表彰する
J-ReBORN賞を初回受賞している。

　こうした一連の活動は、「研修」→「プロジェクト」→「仕
組みづくり」という社内プロセスに沿って段階的に経営改革に
取り組む仕組みとして定着している。

7）飲食（外食）業

①2011年度日本経営品質賞中小規模部門受賞

株式会社ねぎしフードサービス（筆者注記：当社は新宿を中心
に山手線周辺に「牛たんのねぎし」を展開しています。飲食業
界にあってユニークな経営の仕組みを構築してます。）

代表者：代表取締役 根岸 榮治氏（筆者注記：受賞当時）

沿革・事業内容
〈業　　種〉飲食事業（牛たんのねぎし）
〈設　　立〉1981年
〈所在地〉東京都新宿区
〈売上高〉34億6,790万円（店舗数：26店舗、2010年度実績）
〈従業員〉正社員80名　アルバイト600名（2011年4月末現在）

特徴
- 「ねぎしの5大商品」の品質レベルの継続的向上による卓越した業績の実現
- 幅広い視点からの人財共育と風土づくりによる強固な組織のインフラづくり

表彰理由
　株式会社ねぎしフードサービスは、都心に集中出店するドミナント戦略により店舗数を増やし、ブランドイメージを確立することで、商圏のマインドシェアを高めてきた。「ねぎしの5大商品」（Q：クオリティ）（S：サービス）（C：クレンリネス）（H：ホスピタリティ）（A：アトモスフィア）を提供価値に掲げてお客さま満足度を高め、固定顧客・ロイヤルカスタマーを増やして成長を遂げた一方、BSEなどのリスク、競合店の進出、ニーズの多様化などの環境変化に迅速に対応し、商品の品揃えも増やしてきた。また、全体の8割を超えるアルバイト（うち外国人25％）を抱える雇用形態の中でダイバーシティマネジメントを推進しつつ、「人財共育」や自由闊達な組織風土

づくりを重要視し、経営幹部からアルバイトまで全社一体となり、対話による気づきを通した自己革新のための取り組みを展開することにより、外食産業全体が厳しい市場環境の中、着実な業績をあげている。以下が、今回の審査で高く評価された点である。

「ねぎしの５大商品」の品質レベルの継続的向上による卓越した業績の実現

　「ねぎしの５大商品」の品質レベルを向上させるための継続的な取り組みの結果、お客さま満足度、ロイヤルカスタマー数・比率の増加を達成し、お客さま価値を着実に創造し続け、既存店一店舗あたり売上高は、厳しい外食産業全体の市場環境においても卓越した業績をあげている。

１．クオリティ：
　おいしさを提供するための独自技術である、「手切り」「手振り」技術の向上を組織的に実現している。手切り速度の測定、ビデオ活用による指導、個人の技術レベルの定量的把握、塩分濃度の測定と改善を継続するとともに、生産プロセスの改善にも取り組んでいる。各店舗では、肉の「焼き」技術向上のための、「焼き研修」への参加と各店舗内フィードバックにより、焼き技術の組織的強化と個人スキルマップ化を実現している。商品提供時間も「オーダー後10分以内」の目標を大幅に上回る結果を得ている。さらに、BSEなどのリスク、競合店の進出、ニーズの多様化などの環境変化に対応した商品開発を行い、幅広い品揃えを実現して高業績を維持している。

２．サービス、ホスピタリティ：

　各種マニュアルを活用した教育訓練は、機能的サービスの着実な提供の実現に加え、経営理念や組織価値観を浸透させ、社員が自主的にホスピタリティを発揮している。お客様アンケートの好結果を表彰する「親切賞」など、個人のやる気を高める仕組みも機能している。情緒的サービスの好事例は、マニュアル化に機能的サービス化され、店舗を超えたベストプラクティス共有、サービスレベル向上の恒常化を実現している。

３．クレンリネス、アトモスフィア：

　店内の清潔さについて、「クレンリネス・チェックシート」と「SSMクレンリネスチェック」などの仕組みで、クレンリネスの状態の確認を徹底するとともに、店舗間のクレンリネスの状態を競う「クレンリネスコンテスト」により、社員の意識を高めている。店舗の雰囲気づくり（アトモスフィア）については、店舗設計段階から女性を含めたスタッフが参画し、ブランディングコンサルタント、店舗設計デザイナーやテナント先のオーナーなどと綿密にコミュニケーションをとり、女性も入りやすい店舗開発につなげている。

幅広い視点からの人財共育と風土づくりによる強固な組織のインフラづくり

　幅広い視点からの人財共育と、他社が真似できない独自の組織風土づくりが、従業員満足の総合満足度向上とアルバイト離職率の低水準維持に結びついている。

１．経営理念や組織の価値観の共有化：

　経営理念や組織価値観の共有化を人財共育の大前提に位置づけ、社員、アルバイトに徹底している。経営理念や組織の価値観に共感した人材が採用され、新人対象の赤組研修・Ｆパートナー（外国人アルバイト）リフレッシュ研修で再確認している。朝礼での行動規範徹底、経営理念テストの実施による浸透度の確認、「私と経営理念」作成による、一人ひとりの行動に結びつけ、経営理念や組織価値観の徹底は日常的、継続的に実施されている。この結果、組織価値観は着実に浸透し、組織全体が共通の規範意識をもつに至っている。

２．実践的な人財共育：

　店長就任までの職能要件である「100ステッププログラム」を、アルバイトも含めた人財共育の基軸とし、充実したパートナー教育、Ｆパートナーの戦力化を実現する仕組みのほか、店舗単位の全従業員が一体で取り組む改革改善ケーススタディ、店長のリーダーシップ力を養うクレンリネスコンテストなどを実施。主体的取り組みにより個人の自主性を喚起しつつ能力向上を実現し、店舗の一体感醸成とチーム力向上に結びつけた。この結果、改善提案はアルバイトからも日常的に出されるようになるなど、何でも言える組織風土の中で一人ひとりの気づき力が高まっている。

３．計画段階から参画するマネジメントの実践：

　経営指針書策定会議で社員が全社戦略の策定に参画するほか、改革改善プロジェクトチームの編成により、店長が中心となって組織横断的な経営革新に取り組むなど、積極的に社員が

経営に参画する機会を設けている。各職場でも同様に、日常的なコミュニケーションを通じて計画段階からに従業員が参画し、意見が反映されている。一方、各業務の業務能力を示すデータの収集により、事実に基づくマネジメントを推進、課題解決のための継続的取り組み、PDCAサイクルが有効に機能し、進化を遂げている。

筆者コメント：当社の特徴は、提供している「飲食品」ではなく「サービスを商品」と定義していることにあります。筆者も何度となく、「牛たんのねぎし」で牛たんを楽しんだことがありますし、創業者である根岸社長とお話をしたこともあります。店頭でのサービススタッフの多くがパート・アルバイトであり、その中の25％は外国人ですが、日本人に劣らず丁寧な日本語を話し、サービスの動作も洗練されています。社長のお話によると、それは、理念と教育の徹底の賜物ということです。

②2013年度日本経営品質賞大規模部門受賞
株式会社ワン・ダイニング（筆者注記：大阪を中心にしゃぶしゃぶ店・焼肉店をテーブルオーダー形式でチェーン展開しています）
代表者：代表取締役社長 髙橋 淳氏（筆者注記：受賞当時）

沿革・事業内容
〈業　　種〉外食
〈設　　立〉1972年
〈所在地〉大阪府大阪市
〈売上高〉170億4,549万円（2013年 3 月期）

〈従業員〉4,567名

特徴
- 「基本の徹底」による店舗価値向上に向けた継続的な取り組み
- 第一線のアルバイトの戦力化と成長の場の提供
- スピード感をもった改善・革新に向けた取り組み

表彰理由
　株式会社ワン・ダイニングは関西地区を中心に、本年から九州地区を商圏に加え、主に郊外を中心に焼肉レストラン、しゃぶしゃぶレストランの事業を展開している。また、本年より別会社で牛たん店「杜もと」の事業展開を開始した。

　当社はやみくもに出店して規模の拡大を図るのではなく、一店舗ごとの価値を高めることを基本戦略と定め、店舗価値を高めることで、お客様、お取引先様、地域社会、そして従業員の幸福を達成したいという思いから「幸福価値の創造」の実現を理想的な姿に掲げている。

　食肉小売事業が母体であったことから、肉にこだわりをもち、セントラルキッチンをもたず、店舗ごとに肉の加工を行うことで新鮮でおいしい肉を提供することを独自価値としている。また、アルバイトをはじめとした従業員の教育を重視し、ホスピタリティを高めることでお客様から感謝され、仕事にやりがいと誇りをもち、成長する機会を創出している。これは従業員の幸福の実現につながることを意図している。さらに、年２回グランドメニューを変更し、年４回季節メニューを導入することで、お客様が飽きない工夫を行っている。上質で居心地の良い店舗づくりにも注力している。

「基本の徹底」による店舗価値向上に向けた継続的な取り組み

　当社は「基本の徹底」を重視し、「商品」、「接客サービス」、「上質で居心地の良い空間」のレベルを高めることで店舗価値を向上させている。商品の根幹である食肉については、仕入れにおける品質・鮮度管理の徹底、食肉加工技術の向上、メニュー開発の取り組みを強化した結果、外部調査による美味しさの評価は上昇傾向にあり、お客様から商品が評価されている。接客サービスにおいては、ガイドブックの活用を通じてサービスレベルの標準化を推進め、基本の徹底を図る一方、サービスレベルを高めるために、お客様への目配りによる事前察知や、お客様から呼ばれる前の積極的な声かけなどにより、来店中のお客様ニーズをタイムリーに把握し、従業員が気づいたことを気づきプログラムで共有している。上質で居心地の良い空間について、出店地の決定は、商圏、投資回収期間など明確な出店基準の元で計画を展開し、2006年6月以降、退店数はゼロとなっている。出店後は、時代を捉えたデザインで、外観・内装とも詳細にわたってこだわる店舗づくりを行い、外部調査による活気・雰囲気の評価は2009年度以降上昇し、お客様からも評価されている。

　これらの店舗価値向上に向けた継続的な取り組みの結果、外部調査による総合評価、顧客ロイヤリティは上昇しており、特に総合評価においては、焼肉業態ではベストプラクティスの水準に近づき、しゃぶしゃぶ業態では和食業態のベストスコアを獲得している。

第一線のアルバイトの戦力化と成長の場の提供

　店舗価値を高めるために、アルバイトを有効に活用し、戦力

化しているとともに、人間としての成長の機会を提供している。新店舗オープン時には、経営理念や組織の価値観などを徹底することを含め、約１か月の教育訓練を実施している。店舗内のトレーナーによる新人アルバイトへのOJTの実施、アルバイト交換研修、アルバイトリーダー研修などの実施により、他店舗の取り組みを学習する機会を設けている。アルバイトの戦力化で最も独自性のある取り組みとして、月１回、アルバイト主体のアルバイトミーティングを実施しており、店舗における情報の共有化と課題に対する改善策の検討を行い、アルバイトの主体性や店舗運営への参画意識の向上につなげている。更に、アルバイト個人の気づきを深める気づきプログラムもアルバイトの成長に有効に機能している。業務で得られた気づきを「気づきメモ」に書き、店舗内で展示することにより、アルバイト個人の気づきを深めるとともに、他の従業員からコメントを受けることで、モチベーションが向上し、気づきの連鎖を促進する仕組みとなっている。

スピード感をもった改善・革新に向けた取り組み

アセスメントや外部調査などにより明確になった課題についてはスピード感をもって改善・革新に取り組みが行われている。「課題となっている提供時間短縮のための取り組み」、「アルバイトに経営理念・組織の価値観をより一層伝えるためアルバイト向け社内報『en』の発行」、「アルバイトから社員に登用するためのプロジェクト」、「接客力を高めるためのベンチマーキングの実施」、「お客様のアレルギーをアルバイトが確実に確認するためのハンディターミナルの変更」、「障がい者雇用の積極的な取り組み」など数多くの改善・革新に向けた取り組

みを行っている。

筆者コメント：地域包括ケアマネジメント研究会のメンバーと大阪のスーパーホテルをベンチマークしたタイミングで、郊外型しゃぶしゃぶ店を訪問しました。店舗運営の中心は学生アルバイトですが、教育が行き届いていて、高級レストランの接客を受けている感覚になります。スタッフのうち4,000人ほどが学生ということですが、学生にスキルを教育し、モチベーションを高め、自立意識を持たせることで高い顧客サービスを実現しています。

8）産業廃棄物処理業

①2020年度日本経営品質賞中小企業部門受賞
石坂産業株式会社
代表者：石坂 典子氏（筆者注：受賞時）

沿革・事業内容
〈業　種〉産業廃棄物処理
〈設　立〉1971年
〈所在地〉埼玉県入間郡三芳町
〈売上高〉61億円、経常利益10億円（2019年度）
〈従業員〉168名

全社的な強み
【絶体絶命の経営危機をきっかけとした業態転換】
【環境教育を軸とした「見せる」経営によるブランドイメージ

の向上】

【同業者も顧客に取り込み、業界における独自のポジションを確立】

【インナー・ブランディングによる組織風土の変革】

表彰理由

〈特徴・成果〉

- 1999年のダイオキシン騒動（のちに誤報と判明）を機に主力事業だった建設系産業廃棄物の焼却による縮減事業から再資源化事業へと業態転換を図った。建設混合廃棄物の分別・分級技術をコア技術として研究開発に取り組んだ結果、業界常識を破って同業者も顧客として取り込んでいる（売上に占める同業者割合42％）。現在、建設混合廃棄物の減量化・再資源化率は98％で国内トップクラス。

- 従来は埋め立て処分されていた「建設混合廃棄物に含まれる土砂」を盛土材として生産し、業界で初めて建設技術審査証明を取得。主に道路用盛土材や埋設物周辺の埋め戻し材として販売。

- 施設に隣接し、ごみの不法投棄で荒れ果てていた雑木林を江戸時代から引き継がれてきた里山として再生・整備し、環境教育の場「三富今昔村」として公開。全天候型再資源化施設とともに国内外から多くの人が訪れる場となっている（年間来場者数4万人以上）。

- 相手の気持ちになって応対する社員のおもてなしとシームレスなオペレーションが価格以上の価値を生み、搬入事業者の満足度90％以上を達成。

絶体絶命の経営危機をきっかけとした業態転換

　創業者が15億円（当時の売上高25億円）をかけてダイオキシン対策の最新型焼却炉を導入し、更なる飛躍を目指していた1999年、地元農作物から高濃度のダイオキシンが検出されたというテレビ報道（のちに誤報と判明）をきっかけに、「石坂産業は出ていけ！」という地域でのバッシングが始まり、焼却による廃棄物の縮減事業（当時の売上高の70％）からの撤退を余儀なくされた。このことで、①法令を遵守し、地域に迷惑をかけない最新設備を導入しても、地域住民に伝わらなければ意味がない、②業界のイメージを変えなければ地域の理解は得られない、という教訓を得た。

　2000年は環境元年ともいわれ、国の方針も後押しとなり、建設系産業廃棄物の焼却による「縮減」事業から「再資源化」事業に業態転換を図る。創業者の長女の石坂典子社長が代表権のない社長に就任し、教訓②（上記）から、地域環境や労働環境に配慮した製造業の工場のような施設を目指し、20億円を投資して、全天候型再資源化施設を建設。新たな再資源化事業として、土砂系混合廃棄物（土砂系）と建設発生土（発生土）が混ざった建設副産物を再資源化する乾式の独自の分別・分級技術の技術開発に専念し、独自開発による処理プラントを完成させた。

環境教育を軸とした「見せる」経営によるブランドイメージの向上

　石坂典子社長が2012年に代表権を持ち、第二の創業が始まる。教訓①（上記）から「見せる経営」として環境教育に着目し、一般市民に先進的な再資源化施設とあわせて、ごみの不法

投棄で荒廃していた雑木林を里山として再生・整備し、美しい武蔵野の雑木林を見せる「三富今昔村」事業を展開している。2012年に「くぬぎの森環境塾」を開校し、2013年に再資源化施設と里山が埼玉県から「体験の機会の場」として認定を受け、今では国内外から年間4万人が訪れるようになっている。来場者による評判が口コミで広がるにつれてマスメディアへの露出も増え、同社の環境配慮への先進的な考え方や取り組みに共感した地域住民や大手住宅メーカーが同社を取引指定するケースも多くなっており、独自の価値連鎖につなげている。

同業者も顧客に取り込み、業界における独自のポジションを確立

　高度な分別・分級技術により、建設混合廃棄物の減量化・再資源化率は現在98％に達している。また、プラント稼働率100％を目指し、内製化しているメンテナンス技術の向上のためのOJT教育をはじめ、処理技術向上のための新技術開発等、先進的な工場に日々進化している。

　長年培ってきた技術を同業者にも開放し、同業者が選別処理した後の残渣物を同社に搬入してもらうスキームを構築することで、同業者も顧客として取り込んでおり、業界でも独自のポジションを確立している。また、搬入ドライバー視点によるオペレーション改善や、ストレス緩和につながるおもてなし等により、価格以上の魅力的価値を提供している。

　10年以上の研究の末、土砂系混合廃棄物から取り出した精選土を原料に、関連会社で固化・造粒して粘質土の盛土材としたものが、2015年に業界で初めて建設技術審査証明を取得し、「NS-10」として商品化（主な用途として道路等の盛土材や埋

設管周辺の埋め戻し材）されている。

インナー・ブランディングによる組織風土の変革

　「見せる経営」により同社のブランドイメージが高まった一方で、社員の意識や理解とのギャップが生じていたため、組織風土の変革や社員の人間力向上のためのインナー・ブランディングを推進している。同社ではかねてより、人間の五感を研ぎ澄ませて全てのことに配慮する「五感経営」を標榜していたが、中間マネジメント層の意識改革やマネジメント力向上、社内横断によるプロジェクトの推進等を通じて組織変革を進めており、チャレンジ精神や互いに認め合い、フォローし合う組織文化が醸成されてきた。現在、社員一人ひとりが「石坂ブランド」を体現し、社外に対しても個性を発揮できるプロフェッショナルとなることを目指して人材開発を進めるとともに社内講師養成にも取り組んでいる。

　同社は業界でいち早く国際規格ISO（※）の認証を取得し、7種統合マネジメント・システムを構築して単年度でのPDCAサイクルを回してきたが、中期目標に向けた経営品質向上を図るため、経営品質アセスメント基準の要素も取り入れ、より継続的かつ全社的な取り組みを進めている。

（※）ISO14001（環境）、ISO9001（品質）、OHSAS18001（労働安全衛生）、ISO5001（エネルギー）、ISO27001（情報セキュリティ）、ISO22301（事業継続）、ISO29990（学習サービス）

筆者コメント：福井県経営品質協議会の当社ベンチマーキングに同行させて頂き、訪問しました。近代工場のような施設を建設して、産業廃棄物の処理で外部に騒音や廃棄ガス、粉塵などが一切漏れないようにしています。広大な敷地内には武蔵野の

森があり、動植物の保護にも取り組んでいます。また敷地内には公園も併設してあり、子供たちの格好の遊び場となっています。さらに小学校の教室のような研修施設を持ち、社員研修だけではなく、地域社会に開放して、公開の環境境域にも取り組んでいます。

9) 情報・通信業

①2011年度日本経営品質賞大規模部門受賞
シスコシステムズエンタープライズ＆パブリックセクター事業
（筆者注記：当組織は部門で応募し受賞しています。シスコシステム本社の仕組みをベースに組織力を高めてきており、大規模組織の取り組みとしても参考になります。）
代表者：代表執行役員社長 平井 康文氏（筆者注記：受賞当時）

沿革・事業内容
〈業　種〉情報通信
〈設　立〉1992年
〈所在地〉東京都港区
〈売上高〉資本金：４億5,000万円
〈従業員〉全社1,250名

特徴
・顧客の経営革新の実現にむけた揺るぎない関係性づくり
・カルチャーの浸透とコラボレーション組織による強い営業体制の構築
・顧客の経営革新の実現にむけた揺るぎない関係性づくり

・カルチャーの浸透とコラボレーション組織による強い営業体制の構築

表彰理由

　米国シスコシステムズ社の日本法人であるシスコシステムズ合同会社エンタープライズ＆パブリックセクター事業（以下E＆P事業部門）は大規模法人・公共セクターに経営革新を実現するアーキテクチャー（顧客価値向上を図る考え方と実現する仕組み）を提案している。この推進にあたり、組織ビジョンと全体戦略、部門マネジメントの方向性を一致した取り組みにするため、トップを中心に経営品質の考え方を高度に実践している。顧客本位の柔軟なチーム体制と緻密で合理的な戦略展開によりわずか３年の短期間で、業績のみならず顧客価値向上や組織革新において、卓越した成果を発揮している。また、このような活動成果が世界各地域のシスコ現地法人に採用され始めるなど、部門の革新を全体の革新に結びつける活動にも至っている。今回の受賞は、組織内の部門単位での経営品質向上活動に取り組む大規模組織の活性化や、日本経営品質賞への応募申請を目指す組織にとって、多くの点でベンチマーキング対象となる。以下が今回の審査で高く評価した点である。

顧客の経営革新の実現にむけた揺るぎない関係性づくり

　グローバリゼーションを経営課題としている顧客や経営変革への意識の高い顧客をセグメントし、「コラボレーション・アーキテクチャー（協業による顧客価値創造プロセスの考え方と実現方法）」による経営革新の実現を提案する新たなビジネスモデルを構築している。アーキテクチャ－の提供には、組織

横断による「アカウントチーム」のもと、日本法人が独自開発した「C-BRIDGE」プログラム（顧客毎の経営課題や経営幹部層ニーズをもとに顧客別の改善・革新計画を策定し、顧客と合意形成の上で提案する活動）が運用・展開されている。その結果は四半期毎に部門経営幹部と顧客からのレビューを受け、短期間の評価サイクルを回すことで、顧客からの信頼関係を揺るぎないものにしていると評価できる。

カルチャーの浸透とコラボレーション組織による強い営業体制の構築

　組織規範であり経営資源とも言える「シスコカルチャー」が様々な経歴・職種で構成される従業員に確実に浸透しているため、経営幹部やマネージャーが余計な権威に頼らず、役割に応じたコミットメントを重視することで、従業員が信頼・安心して仕事ができる環境が作られている。また、従業員はカルチャーと共に全社ビジョン「Changing the way we work, live, play, and learn」を深く理解し、自社製品・サービスで「顧客に成功をもたらす、社会を変える」という高い志を持っている。アカウントマネージャー、担当SE、サービス営業、プロフェッショナル等の各人材が高度にネットワーク化されたチームで協働することで、部門や地域を越えたコラボレーション組織と、少人数で多くのアカウント担当できるダイナミズムを実現していると評価できる。

顧客の経営革新の実現にむけた揺るぎない関係性づくり

　グローバリゼーションを経営課題としている顧客や経営変革への意識の高い顧客をセグメントし、「コラボレーション・

アーキテクチャー（協業による顧客価値創造プロセスの考え方と実現方法）」による経営革新の実現を提案する新たなビジネスモデルを構築している。アーキテクチャーの提供には、組織横断による「アカウントチーム」のもと、日本法人が独自開発した「C-BRIDGE」プログラム（顧客毎の経営課題や経営幹部層ニーズをもとに顧客別の改善・革新計画を策定し、顧客と合意形成の上で提案する活動）が運用・展開されている。その結果は四半期毎に部門経営幹部と顧客からのレビューを受け、短期間の評価サイクルを回すことで、顧客からの信頼関係を揺るぎないものにしていると評価できる。

カルチャーの浸透とコラボレーション組織による強い営業体制の構築

　組織規範であり経営資源とも言える「シスコカルチャー」が様々な経歴・職種で構成される従業員に確実に浸透しているため、経営幹部やマネージャーが余計な権威に頼らず、役割に応じたコミットメントを重視することで、従業員が信頼・安心して仕事ができる環境が作られている。また、従業員はカルチャーと共に全社ビジョン「Changing the way we work, live, play, and learn」を深く理解し、自社製品・サービスで「顧客に成功をもたらす、社会を変える」という高い志を持っている。アカウントマネージャー、担当SE、サービス営業、プロフェッショナル等の各人材が高度にネットワーク化されたチームで協働することで、部門や地域を越えたコラボレーション組織と、少人数で多くのアカウント担当できるダイナミズムを実現していると評価できる。

10）2009年〜1996年までの受賞企業

　10年以上前の受賞企業については、企業名リストをアップしておきます。
　詳しくは経営品質協議会のHPを参考にしてください。

（1）2009年度
　①日本経営品質賞中小規模部門受賞
　　大阪府大阪市西区　ビジネスホテル
　　株式会社スーパーホテル

　②日本経営品質賞中小規模部門受賞
　　三重県多気郡多気町五桂　製薬業
　　万協製薬株式会社

（2）2008年度
　対象企業無し

（3）2007年度
　①日本経営品質賞大規模部門受賞
　　福井県福井市　小売業
　　福井県民生活協同組合

（4）2006年度
　①日本経営品質賞中小企業部門
　　福井県福井市　事務機販売
　　福井キヤノン事務器販売株式会社

②日本経営品質賞自治体部門
　岩手県岩手郡滝沢村　自治体
　滝沢村役場（筆者注：当時。現在は市になっている）

（5）2005年度
　日本経営品質賞大企業部門
　①トヨタ輸送株式会社

　②松下電器産業株式会社（パナソニック株式会社オートモー
　　ティブシステムズ社）
　　現社名：パナソニック株式会社オートモーティブシステム
　　ズ社

　③松下電器産業株式会社（松下ホームアプライアンス社エア
　　コンデバイス事業部）
　　現社名：パナソニック株式会社ホームアプライアンス社エ
　　アコンデバイスビジネスユニット

　④日本経営品質賞中小企業部門
　　株式会社J・アート・レストランシステムズ

（6）2004年度
　①日本経営品質賞大企業部門
　　千葉ゼロックス株式会社
　　現社名：富士ゼロックス千葉

②日本経営品質賞中小企業部門
　株式会社ホンダクリオ新神奈川
　現社名：Honda Cars 中央神奈川

（7）2003年度
　①日本経営品質賞大企業部門
　　NECフィールディング株式会社

（8）2002年度
　①日本経営品質賞大企業部門
　　パイオニア株式会社モーバイルエンタテイメントカンパニー

　②カルソニックハリソン株式会社

　③日本経営品質賞中小企業部門
　　ネッツトヨタ南国（株）
　　旧社名：トヨタビスタ高知株式会社

（9）2001年度
　①日本経営品質賞大企業部門
　　第一生命保険相互会社

　②セイコーエプソン株式会社情報画像事業本部

（10）2000年度

  ①日本経営品質賞大企業部門

    日本アイ・ビー・エム（株）ゼネラル・ビジネス事業部

  ②日本経営品質賞中小企業部門

    株式会社武蔵野

（11）1999年度

  ①日本経営品質賞大企業部門

    富士ゼロックス株式会社第一中央販売本部

    現社名：富士ゼロックス株式会社販売本部中央支社

  ②株式会社リコー

（12）1998年度

  ①日本経営品質賞中小企業部門

    株式会社吉田オリジナル

    現社名：株式会社イビサ

  ②日本経営品質賞大企業部門

    株式会社日本総合研究所

（13）1997年度

  ①日本経営品質賞中小企業部門

    千葉夷隅ゴルフクラブ

②日本経営品質賞大企業部門
　アサヒビール株式会社

（14）1996年度
①日本経営品質賞大企業部門
　NECエレクトロニクス（株）
　旧社名：NEC半導体事業グループ

アフターコロナ時代に求められる
組織の姿

1）今こそ、新しい時代に合った経営を構築しよう

　20世紀のビジネススタイルを新型コロナ騒動が強制的に変革することを迫っています。周回遅れのデジタル化の必要をどの組織も痛感しているはずです。

　すべてが古いわけではなく、これまで問題と考えていた社会構造をこの機会に変革する必要がありますが、その先兵は企業が担うべきではないでしょうか。

　例えば、企業が率先して取り組む課題として、通勤ラッシュの解消、東京都一極集中の解消、サービス残業の解消、ワークライフバランスの実現、地球環境改善への貢献など、これらは社員の安全と健康を向上させるだけではなく、企業のコスト構造を改善させるチャンスでもあります。さらにその結果、社会構造の改革にも貢献することとなるでしょう

2）世界標準の経営革新の仕組み（経営品質向上活動）
　を活用しよう

　強靭な組織を作り上げていく道はたくさん考えられますが、私の25年余にわたる経営支援活動から導き出した結論は世界

標準である経営品質向上活動による経営革新の仕組みを基本とした改善活動の推進こそが、新しい時代に改めて求められているし、無駄なく効果的に成果を生み出す取り組みと言えます。

3）まず最初の1歩を踏み出そう

新しい時代の変化に、乗り遅れることなく、むしろ半歩先を行くような組織強化が必要です。そのためには、小さな一歩でも、まず踏み出しましょう。ただし、踏み出す方向を間違えてはいけません。自組織の発達段階を確認し、また組織の成熟度を把握することから始めることをお勧めします。そのうえで、自社の実力にあった改善活動をスタートさせましょう。外圧に弱いといわれる性質を持つ我が国の企業体にとってコロナ騒動は、これまでの陋習を打破するまたとないチャンスととらえて、強靭な組織づくりに踏み出しましょう。

4）まとめにかえて

〜筆者の経験・知見の一端を紹介〜

本書の執筆にあたって、27年間ソニー社員として経験させていただいた経営修行と経営コンサルタントとして25年余にわたり活動してきたことを振り返り整理してみました。ソニーマンおよび経営コンサルタントとしての実践に基づく知見、コンサルを続けながら、2つの大学院での学び、20年ほどにわたる日本経営品質賞や各県の経営品質賞等の審査経験が本書を纏めるうえで大変参考になりました。本書に書ききれなかったことや詰めの甘さもありますが、全体を総括しておきたいと思

います。

（1）ソニーでの子会社の企画立案と立ち上げ

　ソニー入社後10年ほど経った頃、ある事業本部の管理部で企画担当係長をしている時に、子会社新設の企画立案を担当し、そのまま子会社への出向を命ぜられました。ゼロから新会社を立ち上げて11年。中小企業診断士の資格は持っていましたが、一介の係長に創業の中心業務をやらせるソニーのおおらかさ（無責任さ？）は、特筆に値するのではないでしょうか。当然社長は別にいました。

　ソニーは創業以来、国内外にたくさんの子会社を設立してきました。

　しかし、私が新会社設立の指令を受けた段階でも、新会社設立の総合的なマニュアルはなかったのです。一方で、本社の各部門には様々な専門家がいるので、１つひとつ教えを請いながら設立準備を進め、新組織を立ち上げていきました。

①知識と実践のギャップを埋めるには、試行錯誤して進めるしかありません。

　それも日々の仕事をさばきながらです。その時に役立ったのは、当時のソニーの文化です。「まずやる。後で直す」「人のまねはしない。よそがやっていない方法を開拓する」がありました。これが、未経験分野の仕事を何とかこなして行けたと今にして思います。この思考方法は、独立後も何かと役に立っています。

②この新会社設立からの11年の経験が財産になりました。

　まず、会社名を決め、法人登記を済ませ、拠点を確保しました。ソニーから出向してきた技術者たちと数人の管理スタッフ以外は新規採用になります。ゼロから組織を作り、人材を採用し、伝票を設計し、業務システムを作り上げました。

　経営計画を作り、進捗を管理し、予実績を管理して、決算書にまとめ上げるという、一連の組織運営の在り方を体験し、人を動かすリーダーシップの難しさと楽しさを、身をもって実感しました。

③この体験は独立後の経営コンサルティング（経営支援）や経営進化塾の運営に生かされていると思います。この体験からいえることは、「若い世代に経営を任せる。少し無理かと思えるレベルの職位と業務を与えることで、人は成長する。」ということです。しかし、個人の努力だけに任せるような放置状態に置くと、人を潰してしまう恐れもあります。そこで、見守りの仕組み、必要であれば手助けする。あるいは、社内外の研修を用意しておくなどでフォローアップ体制を作っておくことが必要です。

④さらに新たなスキルや上位レベルでの意思決定にかかわる研修を受けさせた場合は、その知識をすぐに仕事で使わせ、どこまで、理解し、使いこなせるかを検証し、必要があれば追加の指導を早い時期に行ってスキルや知識を定着させる必要があると言えます。

（2）強靭な組織は、安易なリストラをしない

　強靭な組織は、一方で優れた人財育成の仕組みを構築しているという面も持っているのです。それによって社員の向上意識を常に鼓舞し、組織を挙げて人財のレベルアップに絶え間なく取り組んでいるという意識を共有出来るのです。

　つまり人財を大事にし、人財を資産とみて、人財育成のコストを経費とみるのではなく、投資として見るのです。強靭な組織は、業績悪化ですぐに教育研修費をカットするという愚行は行わず、逆にこんな時だからと、人財育成を強化する取り組みにまい進します。

　また、一概には言えない面もありますが、人財が大事な知的資産であるという認識を重要視している強靭な組織は、安易にリストラに走りません。失われた20年といわれたバブル崩壊後、多くの大企業が１万人やそれ以上の大型のリストラを実施してきました。確かに短期的にコストカットを実現し、業績をV字回復させますが、その後、長期的に低迷している企業がいかに多いことか。多くの企業が間違えているのは、機械や施設は、すぐに最新のものを導入でき、生産性を高めることができますが、人財はそうはいかないのです。長年にわたって培ってきた知恵やスキルを持った中堅、ベテラン社員をリストラで放出することは知的資産の消失につながっていくことになりやすいのです。

　「ナレッジマネジメント」いう日本生まれの経営理論がありますが、社員の経験としてノウハウやスキルが個人に蓄積されてきた（暗黙知）のが我が国の企業の特徴でした。この暗黙知はどのようにシステム化やマニュアル化をしようと、100％形

式化にすることは不可能であるとわれています。したがって、ベテラン社員の持っている暗黙知は人から人へ伝承することが正しいのです。ベテランから若手へ、知識やスキルを伝承する仕組みをしっかり機能させることも強靭な組織の特徴であるのです。

　本書で取り上げたプロジェクト活動は若手社員からベテラン社員まででチームを組んで進めることで、活動を通じてベテランから若手社員へのナレッジの伝承が実現します。

（3）「組織発達段階」について

　筆者が社会人大学院（MBA）で、組織の発達段階を調査研究した結果、組織は12段階を踏んで発達していくことが明らかになりました。

①右図は創業準備期からはじまり、創業期、立ち上げ期、体制構築期、成長期（前期後期）、安定期（前期後期）、組織変革期、第2創業期へと発達する段階をイメージしています。それぞれの発達段階の特徴とそれぞれの発達段階の課題を整理した図も付けています。

②それぞれの発達段階で解決しておくべき課題がありますので、これを順番に解決することで、組織は健全に発達し、強靭な組織になっていくのです。

　発達段階に応じた組織課題は、すべての業種に共通の内容になっていますので、この中から自社に当てはまる課題を摘出してみましょう。

組織は段階を踏んで発達させる
組織発達段階モデルと自己資本の推移（イメージ図）

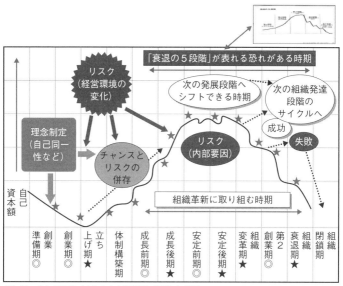

注）◎：主に適切に対応すれば順調に発達する期、
　　★：主に発達不全に陥るリスクが高い期

組織発達段階モデル

	発達段階	組織の特徴（状況）	組織発達課題
1	創業準備期	ビジネス企画・創業計画・新製品や新サービスの開発・市場開拓	理念策定・ビジネスモデル・フィージビリティ・スタディ・資金調達・人財確保・法的手続き・戦略策定力・経営計画
2	創業期（3年以内）	リーダーシップ・パートナー開発・中間採用・新製品や新サービスの開発	企業文化・人財育成・製品開発・生産・市場開拓・システム構築

3	立ち上げ期	赤字・未習熟組織・継続して成長・強力なリーダーシップ・組織の一体感	販売ルート確立・品質向上・生産性向上・CS向上・ES向上・市場開拓・新規顧客開発
4	体制構築期	売り上げ拡大・顧客満足を第一・企業理念に基づく経営	人財育成・開発力強化・マーケット開発・CS向上・EC向上
5	成長前期	ラインナップ充実・高い顧客支持・市場開拓	新規顧客開発・人財強化・経営計画・従業員のモチベーション
6	成長後期	高い顧客支持・管理職に権限委譲・新しいことへのチャレンジ・市場飽和	リーダーシップ・新規顧客開発・人財育成・経営計画
7	安定前期	市場は飽和・新しいことへのチャレンジ・伝統を重んじる・顧客満足を第一	人財強化・戦略策定力・リーダーシップ・組織改革・CS向上・ES向上・組織能力
8	安定後期	市場は飽和・新製品や新サービスの開発・売上・利益拡大	新規顧客開発・CS向上・人財確保・後継者育成・次世代事業開発
9	組織変革期	イノベーションの必要性・企業理念・新製品や新サービスの開発・顧客満足を第一	危機感の醸成・新リーダー・長期計画・人財強化・組織改革
10	第2創業期	変革活動・企業理念・新製品や新サービスの開発・顧客満足を第一	新規商品開発・人財強化・マーケット開発・新規顧客開発・人財育成・企業文化・M&A
11	組織衰退期	停滞・減収・減益・売却・資金繰りに苦慮・リストラ	撤収計画・リーダーシップ・組織改革・転職あっせん・資金手当て
12	組織閉鎖（撤退）期	倒産・閉鎖・新しいことへのチャレンジ・次世代リーダー	資金確保・事業継承・損失の削減・人財の再配置（再就職）

発達課題と処方箋

	発達段階	組織発達課題	処方箋（概要）・ナレッジなど
1	創業準備期	理念策定・ビジネスモデル・フィージビリティ・スタディ・資金調達・人財確保・法的手続き・戦略策定力・経営計画	1．企業理念制定プログラム、2．ビジネスモデル作成手法、3．創業計画立案方法、4．価値観浸透策
2	創業期（3年以内）	企業文化・人財育成・製品開発・生産・市場開拓・システム構築	2．行動規範制定、2．業務標準作成、3．人財育成プログラム、4．マーケット・リサーチ、5．人事評価
3	立ち上げ期	販売ルート確立・品質向上・生産性向上・CS向上・ES向上・市場開拓・新規顧客開発	1．理念・行動基準レビュー法、2．基幹プロセス強化、3．中期経営計画策定、4．業務標準レビュー
4	体制構築期	人財育成・開発力強化・マーケット開発・CS向上・EC向上	1．組織体制見直し、2．ビジネスパートナーの評価と整備、3．働きがい向上策、4．CS向上策
5	成長前期	新規顧客開発・人財強化・経営計画・従業員のモチベーション	1．生産能力、販売能力強化投資、2．外部ネットワーク強化策、3．組織体制強化・管理職強化策
6	成長後期	リーダーシップ・新規顧客開発・人財育成・経営計画	1．リスク分析、2．新規ビジネスコンセプト検討、3．後継者育成プログラム、4．マーケティング見直し
7	安定前期	人財強化・戦略策定力・リーダーシップ・組織改革・CS向上・ES向上・組織能力	1．行動規範見直し、2．新事業開発、3．マーケットリサーチ、4．理念再検討
8	安定後期	新規顧客開発・CS向上・人財確保・後継者育成・次世代事業開発	1．リスク分析、2．変革型人財強化、3．M&A、4．ロイヤルカスタマー強化、5．外部人財採用

9	組織変革期	危機感の醸成・新リーダー・長期計画・人財強化・組織改革	1．体制見直し、2．危機管理システム強化、3．戦略レビュー、4．組織変革プログラム（JQAなど）
10	第2創業期	新規商品開発・人財強化・マーケット開発・新規顧客開発・人財育成・企業文化・M&A	1．新創業宣言、2．プロジェクトマネジメント、3．新理念制定、4．企業文化の修正プログラム
11	組織衰退期	撤収計画・リーダーシップ・組織改革・転職あっせん・資金手当て	1．未来予測プログラム、2．撤退計画立案、3．人財幹旋プログラム、4．損失削減プログラム
12	組織閉鎖期	資金確保・事業継承・損失の削減・人財の再配置（再就職）	1．組織分割策、2．事業閉鎖プログラム実施

　以上、参考までに組織発達段階のモデルと各発達段階の特徴、課題及び、解決法の概要を提示しました。

③具体的な改善活動は、本書で提示したプロジェクト方式を用いて改善活動をすることが効果的です。また、改善で目指す組織の成熟度は経営品質の日本経営品質賞アセスメント基準書に準じて改善を1ランクずつレベルアップしていくことが確実な組織改善になります。そして、強靭な組織創りが実現した暁には、日本経営品質賞にチャレンジしましょう。

　日本経営品質賞を1度で受賞することは至難の業ですが（過去に2社あります）、日本経営品質賞の審査を受けることで「評価（フィードバック）レポート」が送られてきます。このフィードバックレポートに示された自社の強みと改善領域の指摘から、次のレベルへ組織を高める改善課題が明らかになります。

　組織を強靭化するプロセスをご理解できたでしょうか。

　本書で強靭な組織を作るための明確な道筋を描く考え方と手法を具体的に提示しました。ぜひチャレンジして世界標準の日本経営品質賞を受賞できる強靭な組織を作りましょう。

参考文献・資料

『日本経営品質賞アセスメント基準書　2021年度版』日本経営品質賞委員会著、生産性出版

『いのち輝くホスピタリティ──医療は究極のサービス業』川越胃腸病院　望月智行著、文屋

『人間性尊重型大家族主義経営新しい「日本型経営」の夜明け』西泰宏、天外伺朗共著、内外出版社

『経営計画は一冊の手帳にまとめなさい』小山昇著、KADOKAWA

『会社は環境整備で９割変わる！』矢島茂人著、あさ出版

『人に必要とされる会社をつくる』松浦信男著、日本能率協会マネジメントセンター

『社員幸福度Employee Happiness社員を幸せにしたら10年連続黒字になりました』桑野隆司著、クロスメディアパブリッシング

『マネジメント』P. F.ドラッカー著、ダイヤモンド社

『経営者へ送る５つの質問』P. F.ドラッカー著、ダイヤモンド社

『経営者の役割』チェスター・バーナード著、ダイヤモンド社

『経営を生かす曼荼羅の智慧』松村寧雄著、ソーテック社

『多摩大学大学院、修士論文』末松清一著

『放送大学大学院修士論文』末松清一著

『企業理念』大和信春著、博進堂

『成人発達理論による能力の成長』加藤洋平著、日本能率協会マネジメントセンター

『メジャー・ホワット・マターズ』ジョン・ドーア著、日本経済新聞出版

『アンチパターン』W. J. ブラウン他著、ソフトバンクパブリシング

『組織の経営学』リチャード・L・ダフト著、ダイヤモンド社

『クオリティーマネジメント』フィリップ. B・クロスビー著、日本能率協会

『老年期』E. H. エリクソン他著、みすず書房

『生涯発達心理学』小嶋秀夫他著、放送大学教育振興会

『知識創造の方法論』野中郁次郎・紺野登著、東洋経済新報社

『ビジョナリーカンパニー③』J・C・コリンズ著、ダイヤモンド社

『日本の持続的成長企業』野中郁次郎他著、東洋経済新報社

日本経営品質賞受賞企業活動報告書サマリー版（1996年〜 019年）

（参考）
筆者が発信しているSNS:
①有限会社 末松企業進化研究所HP：https://www.skrins-net.com
②Blog：「CTS活動レポート」：https://plaza.rakuten.co.jp/ctcandedo/diary/
③FaceBook：「末松清一」：https://www.facebook.com/kiyokazu.suematsu/posts/
④Youtube「SKRチャンネル」：SKRチャンネル
⑤Stand. fm「清風チャンネル」：清風の名著朗読
⑥Twitter「末松清一（ksuematsu）」
⑦Email：ksue2006@fa2.so-net.ne.jp

〈著者略歴〉

末松 清一（すえまつ きよかず）

有限会社末松企業進化研究所 代表取締役

経営革新コンサルタント、エグゼクティブ・コーチ、経営進化塾主宰
経営情報学修士（MBA）、学術修士（MAS）、中小企業診断士、技術士（経営工学部門）、経営品質協議会認定セルフアセッサー、多摩大学医療介護ソリューション研究所フェロー、神奈川大学経営学部非常勤講師（2003〜2019年）、多摩大学大学院客員教授（2015〜2020年）

　1968年ソニー入社。事業本部経営企画担当時に子会社を企画・設立・出向し、管理部門総括。その後、ウォークマン生産子会社取締役、ソニー本社で世界初のリチウムイオンの生産に携わり、95年独立。

　97年よりJQA審査員、企業や医療・介護組織等の経営改革の支援、人財育成、ブランドとビジネスデザインを軸にした戦略作成支援など、幅広い業種でコンサルティングを実施している。

　著書「経営基本戦略の展開」、「経営改善と経営革新」他。

2021年7月27日　第1刷発行

実践 強靭な組織構築の法

著　者	末　松	清　一	
発行者	脇　坂	康　弘	

発行所　株式会社 **同友館**

〒113-0033 東京都文京区本郷3-38-1
TEL.03（3813）3966
FAX.03（3818）2774
URL　https://www.doyukan.co.jp/

乱丁・落丁はお取り替え致します。　　　　三美印刷／松村製本所

ISBN 978-4-496-05548-5　　　　Printed in Japan